学校のルーティンを変えてみる

慣習にとらわれない教育活動の見直し方

齋藤　浩［著］

学事出版

はじめに

新聞やテレビの報道で、教育について扱った内容をよく目にします。

「学校は古い体制をそのまま残している。いいかげんに変わらなければ、近いうちに社会から取り残されてしまう」

学校も職員も、変わらなければならないという自覚は持っています。そのための努力は惜しまないという気持ちもあります。ただ、現実的には簡単なことではありません。

一つには、やるべきことがあまりに多く、学校にゆとりがないのです。小学校では、英語指導の資格を持たない担任が、英語の授業をしなくてはならなくなりました。道徳が教科化され、評価を伴う授業展開が必要となりました。コンピュータに意図した処理を行うよう指示することができるということを体験させる、プログラミング教育も実施しなければなりません。学校教育を効果的に構成・機能させるためのカリキュラム・マネジメント、全教科で行うアクティブ・ラーニングなど、何をどこから手を付けていけば良いのか分からない状態です。学校を変えていく前に、教師自身がパニックになってしまっているのです。

もう一つは、子どもたちのために変えたいのはやまやまですが、何をどう変えていけば良いのかよく分からないのです。教師は子どもたちに授業を教えるプロではありますが、学校教育全般をマネジメントしていく専門家ではありません。

「そのために管理職がいるのでは……」

確かにその通りかもしれませんが、管理職はマネジメントの専門教育を受けたエキスパートではなく、専門職として着任したわけではないのです。

それでも、学校をこれからの時代に合った枠組みに変えなければならないという現実があります。そこで目を付けたのが、今まで当たり前だと思ってきた慣習（ルーティン）を見直すという作業です。新しく何かを始めるには時間がかかりますが、慣習として続けてきた教育活動を見直すことなら、教職員には得意分野です。意識するのは漠然とした見直しではなく、アクティブ・ラーニングやカリキュラム・マネジメントなどとも直結する内容であるべきです。

「変わるって楽しそう」

「これなら教職員の負担もなくできそう」

本書では、このルーティンを大きな負担なく変えることにより、子どもたちの喜々とした表情を得られるだけでなく、これからの時代に必要な力が得られるような事例を提示していきます。

横文字が並んだ改革は敬遠したくなるものですが、自分たちが今まで実践してきた教育活動を一部見直し、新たな価値を付加していくことはさほど抵抗がないはずです。学校のルーティンを少し変えてみることで大きな成果が得られるということを、ぜひとも多くの教職員に実感して欲しいと思っています。

齋藤　浩

目次

第2章

第2章 学校のキャンペーンを変えてみる

第2章

第2章 係活動を変えてみる

―自分で考え、動く子どもを育てる―

第4章 学校の決まりを変えてみる

第5章

第5章 修学旅行を変えてみる

――臨機応変に対応できる子どもを育てる――……113

第6章

終章

序章

意味のないルーティンを見直す

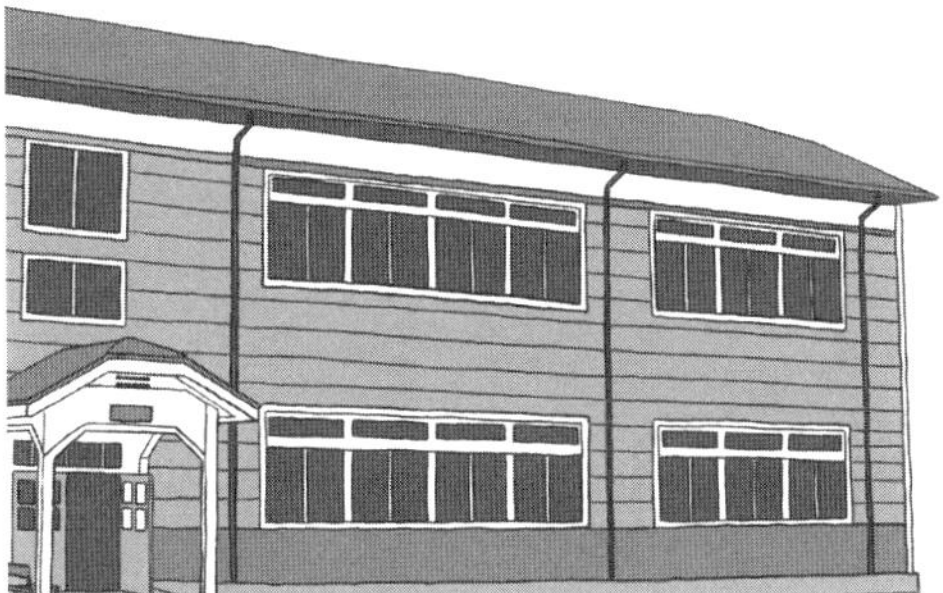

急激な時代の変化

私が子どもの頃、改札では駅員が見事な手さばきで切符にハサミを入れていたものです。目にもとまらぬ早業を見て、「大きくなったら、駅員さんになりたい」と友だちが言っていたのを思い出します。まさか、自動改札が当たり前の時代が来ることなど、予想だにしませんでした。

車で旅行に行くとなると、最新の地図を買い込むのも定番でした。地図をくるくる回しながら、

「あっちでもない、こっちでもない」

どのルートを取れば目的地にいかにはやく到着するか、車内で話し合ったものです。それが、カーナビの登場により状況が一変しました。最短のルートを提示してくれるだけでなく、渋滞を探知し随時最適な道を教えてくれるのです。衛星と連動したシステムが誕生することなど、当時は考えもつかなかったことです。

近い将来、ドローンを使った宅配、自宅にいながらの医療受診、自動車の自動運転などが実現すると言われています。いずれ人型ロボットも進化し、街をロボットが普通に闊歩するような時代も訪れることでしょう。人間とロボットを並べて、

「どっちが人間だ?」

なんてクイズ番組も登場するかも知れません。AIの進歩により、今まで夢物語だったことが現実のものになろうとしているのです。今までは技術革新が起こり大きな変貌を遂げるのに何年もかかっていましたが、これからは気づいたら変わっていたという時代になるでしょう。想像を超えた

急激な変化と言えます。

好むと好まざるとにかかわらず、私たちはこの変化を受け入れざるを得ません。仙人のように一人で暮らしているのであれば、外部との遮断もあるいは可能かも知れませんが、集団生活を営む人間にとってそれは難しい選択でしょう。なおかつ、教師は、子どもたちが大きくなっても困らない大人に育てなければなりません。変化に抗っても、変化の波に飲み込まれてもいけないのです。変化を堂々と受け入れ、

「何が子どもたちにとって最適か……」

それを考えていくことが求められているのです。

学校の今

翻って、学校現場を見てみましょう。技術革新が進み社会が変化しているというのに、大きな変化はありません。何もＡＩが進化しているにもかかわらず、一人一台パソコンが行きわたっていない現状を指しているのではありません。私が小学生一年生だった五十年前と比べて、基本的な仕組みや構造が変わっていないことに改めて驚くのです。

「廊下を走ってはいけません」

「職員室には静かに入りましょう」

そういったルールは変わらず残っています。始業時間になると朝の会が始まり、一時間目の授業につながるという構造も一緒です。一日の終わりには帰りの会があり、元気に挨拶して教室を出て

いくという仕組みになっています。

今から四十五年前。六年生になって修学旅行に行ったのは日光東照宮でした。東照宮には今でも修学旅行に出かけます。行き先が同じなだけでなく、取り組み方にも大きな変化はありません。

「さあ、二列に並んで点呼を取って」

担任の指示で整列し、出発式を終えたらバスに乗り込むといったスタイルも変わっていません。担任が決めた見学場所に行き、見学が終わると旅館に戻るのです。そう言えば、戻る途中で集合写真を撮るためにバスを降りた場所も一緒でした。

授業のスタイルもさほど大きく変わってはいません。教師が黒板に必要なことを書き、それを子どもたちがノートに写します。担任の先生が問題を出し、

「この問題の答えが分かる人?」

即座に元気よく手を挙げたのが、まるで昨日のことのようです。合っていると担任に褒められ、違っていたら、

「惜しかったねえ」

励まされたものです。基本的な教師と子どもとのやり取りも、あまり変わっていないというのが現実でしょう。

私はただやみくもに学校の仕組みや構造を変えるべきだと言っているのではありません。良い部分は残すべきでしょうし、変えると言っても部分修正すれば良いものだってあるはずです。ただ、五十年前に比べてあまりに変わっていないことに憂慮するのです。地図からカーナビに変わり、手

作業での配達からドローン宅配に変わろうという時代です。
「ここは変えられないけど、ここは変えなきゃ」
といった部分は必ずあるはずです。

求められる学校の変化

私が教職に就いた三十五年前。当時、十年後の未来像について尋ねられても、ある程度の答えを出すことはできたでしょう。なぜなら、社会が今のように劇的に変化することなど、とうてい考えられなかったからです。

「今よりも科学技術が少し進んで……」

その程度の感覚で子どもたちに接していました。現に、社会の変化のスピードはゆっくりだったので、それですんでいたのです。

しかし、今同じ質問をされても、とうてい答えることはできません。十年後、この国がどうなっているのか、想像だにできないからです。

「空飛ぶ車ができているかな……」

適当にこう答えたとしても、決して奇想天外には感じられません。かといって、まことしやかに空飛ぶ車のことを語ることも憚られます。具体的な姿としてイメージできないからです。まさに、今後の十年は、五里霧中としか言いようがありません。

学校は社会に出るための準備機関として存在します。換言すると、社会の在り方が変われば、学

校の在り方も変わって然るべきです。昭和の高度成長期真っただ中では、
「何事も上からの指示を聞いて」
ですんでいました。社会全体がイケイケで、十年先どころかもっと先の時代まで想像ができたからです。上の指示を黙って聞いていれば、会社も成長し、自身の給料も右肩上がりで伸びていったのです。したがって、学校教育も指示や慣例を遵守する人間形成をすることに力点を置きました。

それが、今ではどうでしょう。全く未来予想図が描けません。この先どうなるのか、誰にも予想がつかないのです。だとしたら、どのような状況になっても的確に対処できる臨機応変さを身に付ける必要があります。求める子どもの姿は、言うことを素直に聞く子ではなく、自らの判断でどんな局面でも打開していけるような子なのです。まさに、アクティブ・ラーニングのねらいもそこにあると言って良いでしょう。

「先生の言うことを聞きなさい」から、「先生の言う通りではなく自分で考えましょう」というスタイルへの転換期と言っても過言ではありません。しかし、現実的にはクラスは担任が中心となって引っ張り、子どもは黙ってついていくという構図が変わらないままです。時代が大きく変わった今、学校も変わらなければならないのです。

見直すべき学校のルーティン

学校のルーティン、つまり今まで当たり前のように行われてきた教育活動を見直すのは今です。現行で実施されている多くの活動は、過去の遺産の踏襲に過ぎないからです。五里霧中の未来が目

の前に横たわる中、当たり前だと思ってきた教育活動を問い直すことが求められています。
例えば、百年前にも運動会はありました。基本的な形は現在とほぼ同じです。なぜ明治・大正期と同じである必要があるのでしょうか。教師が中心となって進める現在の形を取ることで、先行き不透明な社会に順応する力が得られるとは思えません。

「地域の方が楽しみにしているから……」

存続の理由が子どもの成長以外のところにあるとしたら、もちろん論外です。行事の持ち方に子どもの臨機応変さを育む要素がない以上、意味のないものなのです。

卒業式は本当に必要なのでしょうか。以前、その疑問を先輩教師にぶつけたところ、諭すように言われました。

「卒業というのは、人生の一つの節目です。その大切な日をどう迎えるかは、これからの子どもの人生にとって大きなものになるでしょう」

先輩には失礼ですが、分かったような分からないような説明でした。式で卒業証書を渡すだけならまだ分かりますが、歌や言葉を入れることの意味が未だに分かりません。

「歌を歌うことで、どんな学力が得られるのでしょうか？」

重ねて質問すると、憐れむように私を凝視したのを覚えています。

クラスの健康観察係は、なくてはならないものなのでしょうか。健康観察係が二人とも欠席したとき、誰も健康観察をしようとはしませんでした。

「誰か代わりにやって」

子どもたちに頼むと何人もの子が気持ちよく手を挙げてくれましたが、係を作ることによって臨機応変に対処する姿勢を奪っていたのではないでしょうか。

このように考えてみると、学校が今まで当たり前のように踏襲してきたルーティンには見直すべきところがありそうです。確かに、今まで同じようにやっていれば大きな問題は起こりません。

「今までもそうしてきたから、今回もそうした」

責任の所在も不明確です。しかし、明治の近代学校創成期の形や高度成長期のシステムを継承していたのでは、突発的に起こる事態に対処する力は身に付きません。子どもの学力は目に見えないから、変わらなくても平然としていられるのです。もしも、臨機応変さや主体性を計る機械があったら、大変な問題になっているはずです。

新たなルーティンが子どもの未来をつくる

そのためには、聖域なき見直しが必要になってきます。

「まさか、入学式を見直すなんて……」

感傷的になってはいけません。最たる定番の入学式であっても、そこに子どもの成長が見込めないのであれば、思い切って廃止するか形を変えて実施すべきです。慣習だからといって行事をこなすのでは、ただの思い出作りになってしまいます。それも子どもではなく、大人たちの思い出作りの場となるだけです。

思い切って、廃止の方向性を探ればどうなるでしょうか。必ずや、今まで行ってきたことの意味に行き着くはずです。

「先行き不透明な時代を乗り越えられるチャレンジ精神を育める」

というような意味があるという結論になったら残せば良いのです。もし、多少の意味があると判断したら、

「もっと価値を持たせるには何を付加させれば良いのか」

みんなで考えれば良いのです。考えた結果、それでも大きな意味がないとなったら、周りが何を言おうと堂々と廃止させることができます。

その結果、どうなるのでしょうか。その学校にとって必要な教育活動だけが残るでしょう。または、形を変えてより意味のあるものへと変化していくことでしょう。それこそが、新たな時代に求められる新たなルーティンなのです。それも決して奇をてらったものではなく、必然性あるものになっているはずです。

そのとき、「先生の言うことを聞いて良かった」という子どもから、「自分の力で切り拓いた」という子どもに変わっていることでしょう。

目の前の子どもたちは、史上最も過酷な時代に生まれて来たと言えます。今ある多くの仕事は、将来なくなっていると予想されます。今ある職種が忽然となくなり、代わりに新たな仕事が誕生していることでしょう。もしかしたら、ＡＩの相談に乗る仕事が生まれているかもしれません。そのときになって、今の子どもたちが慌てふためくのではなく、今のうちから変える練習、変わる練習をしておくのです。

「臨機応変に対処するのは当たり前でしょ」

こんな子どもに育ったら、どんな時代がやって来ても逞しく生きていけます。まさにそのための見直し作業なのです。

第1章

集会行事を変えてみる

――子どもが主体となって動く力を育てる――

以前、同僚に全校朝会の意味を聞いたことがあります。

「わざわざ全校児童が集まる朝会が、どうして必要だと思いますか？」

「学校長から、全校児童に必要なメッセージを伝える必要があるからではありませんか」

間髪入れずに答えた彼女に、すかさず質問を続けました。

「では、どうしても必要なメッセージって何ですか？」

「学校の重点とか、安全面などに関することじゃないですか」

「それって、わざわざ朝会でないと伝わらないことですか？」

重ねて聞くと、そこで会話が止まってしまいました。わざわざ朝会を開く必要があるかと聞かれ、答えに窮してしまったのです。やがて、彼女はこう呟きました。

「確かに、本当に全校朝会が必要かと言うと、絶対になければならないとは言い切れません。今まで、普通に朝会があるから体育館に行き、子どもと一緒に普通に参加していました。特に、必要かどうかなんて、考えたこともありませんでした」

まさに定番であるからこそ、その存在を疑問視することがなかったのです。日常的な朝会にも、臨機応変に発想を変える要素がつまっていたのです。

❶「全校朝会は本当に必要？」

そもそも朝会の意味

朝に全校児童を集める朝会は、一体どのような経緯で始まったのでしょうか。やはり、同僚に質問してみると、様々な答えが返ってきました。

「高いところに上って話をすることで、学校長の権威を示すのが、元々の始まりではないでしょうか」

「全員を一堂に集めることで、集団のまとまりをねらったのではないですか」

そもそも、戦前に「学校全体の統一的精神の涵養」として朝会が位置付けられ、特に戦時下には合同体操や校長訓示などが厳しく実施されたと言われています。同じ内容を同時に聞かせることで、全員の意識を同一に徹底させようというのがねらいでした。そのため、日本では戦後も学校で朝礼が実施されている学校が多いのが実情です。江戸時代、寺子屋をはじめとした教育機関が数多く存在しましたが、統一の形で朝礼を実施したという記録はありません。始まりは、あくまでも戦時下における統一的な精神涵養が主たる目的だったようです。

その朝会が今でも脈々と続いているのです。今まで多くの学校に赴任してきましたが、必ずと言って良いほど司会の先生が号令をかけます。

「気をつけ。姿勢を正して」

列がきちんと整えられたことを確認してから、満を持して朝会がスタートしていくのです。場合によっては、開会を告げる挨拶もあります。戦後七十五年が経つというのに、全国的な廃止論が起きることなく、堂々とその地位を確保しています。驚くべき寿命と言っても過言ではありません。

ここで問題なのは、前時代的な朝会が今でも続けられているのに、その是非が語られてこなかったことです。当たり前のように存在しているので、

「よし、今朝は朝会か……」

教師も子どもたちも、無批判に受け入れてきたのです。子どもたちの目前に変化が当たり前の未来があるのに、変化を嫌うどころでなく、ヤリ玉にも上がってこなかったのは学校が定番の上に胡坐をかいていたからだと言わざるを得ません。そこにこそ、これからの学校の課題があると言えるでしょう。

誰も聞いていない

それでも、子どもたちが朝会を楽しみにしているならば話は別です。しかし、

「今日は朝会だ。ヤッター」

小躍りして喜ぶ子を未だかつて見たことはありません。全校朝会のため体育館に歩いてくる子どもたちの様子を見ていても、どうしても気怠そうな様子は否めないのです。それはそうでしょう。週のはじめから、狭い体育館に押し込められると思ったら、ウキウキするはずもありません。まし

てや、体育館は夏はサウナ状態のように蒸し暑く、冬は芯から冷えるほどの寒さです。話を聞くというより、気温や堅苦しい姿勢を取り続けることとの戦いになるでしょう。

そのような環境も関係してか、子どもたちには朝会の話がなかなか入っていません。

「今日、校長先生どんな話をしてた？」

親ツバメが子どもを育てるためにどんな苦労をするのか、人間の親子と関係させながら素敵な話をしていた学校長がいましたが、そんな内容でも子どもたちには届いていませんでした。

「ツバメの親子の話をしていた」

ならまだ良い方で、

「覚えていない」

一つも聞いていない子が何人かいたことも事実でした。

話をよく聞いていなかった子たちに、その理由を聞いてみました。その中の数人は、教室ではとても話をよく聞ける子だったからです。

「だって、周りに人が多すぎて、自分に向かって話をしている感じがしない」

「話が難しすぎて、分からなかった」

教室だと、子どもたちが興味を持っていなかったり、難しそうな表情を見せたりすると、その場で修正することが可能です。ただ、朝会となると、そうはいきません。数百人もいる全校児童となると、一人ひとりの表情を窺うことは至難の業でしょう。朝会に向け、学校長も話の組み立てを準備しています。子どもたちの反応を見て、突然内容を変えるのは不可能です。その結果が、話を聞いていない子どもを生んでいるのです。決して、子どもの責任だとは言えません。

難しい全員に通じる内容

朝会の話を聞きにくくしているのは、児童の年齢的な幅にもあります。小学校には一年生から六年生までいます。自ずと、話の内容は中学年を基準に考えるようになります。それでも、問題は残ります。中学年程度を基準にしても、高学年には易しすぎ、低学年には難しすぎるのです。低学年の担任をしていると、

「校長先生、何か言ってたけど、全然分からなかった」

こんな感想が常です。これでは、体育館に行っている意味がありません。動かずじっとしている修行をしているようなものでしょう。

学校長もそのあたりの問題に苦慮しているようです。

「今日の話は難しくはなかったですか?」

朝会が終わると、こんな感想を求められることがあります。

「六年生に対するメッセージが多く、他の学年の子は置き去りになってしまっていたように感じました」

例えばこのように正直に答えると、

「ああっ、やっぱり。でも、今日はどうしても六年生に向けて話をしたかったんです」

こんな調子の会話がされることが度々ありました。

私がまだ若手と言われた頃、会議でこのような提案をしたことがあります。

「子どもたち全員に合うような話が難しい以上、全校朝会そのものを止めたらどうでしょうか」

ただ、この意見には多くの同僚が反対しました。

「全校朝会というのは、学校長が唯一全校児童に向けてメッセージを発信できる場です。その機会をなくすのは、子どもにとっても大きな痛手でしょう」

「全校朝会をなくしたら、全校児童が一堂に会する機会が減ってしまいます。学校全体のまとまりを考えたとき、それは問題だと思います」

全校朝会の効果や意味を重視するのではなく、朝会の存続を前提に考えていることに、大きな違和感を覚えたことを記憶しています。

ただ、朝会で全員に向けたはずの話が、全員に伝わっていないのは、あまりに意味がないと感じました。それを是とするのも、未来のことを考えないあまりに保守的な考え方だとも感じていました。意味や効果がないとしたら、

「では、他の形にしましょう」

そんな機動性こそ、これからの時代に大切なのです。学校がそんな意味もない形式に固執していたのでは、子どもに臨機応変を求めることなど無理な話です。たかが朝会かもしれませんが、たったこれだけのことが変えられないとしたら、さらに大きな内容に対処することなど夢物語となってしまいます。

クラスごとに校長とディスカッション

現行の全校朝会の形に、私は反対の立場です。だからと言って、学校長が子どもにメッセージを送ること自体が無意味だとは思っていません。クラスという単位を束ねる担任とは異なり、学校の経営者としての学校長は担任とは違う視点を持っているものです。子どもたちも、担任とは違う視点で見ているでしょう。さらに、担任とはタイプの異なる大人と接することは、子どもたちにとって不可欠な学びとなります。

私は現在勤務する小学校の校長にこう言いました。

「校長先生。以前、一年生から六年生まで分かるような話をすることは、本当に難しいとおっしゃっていましたよね。だとしたら、全校朝会を廃止し、その代わり毎日各クラスに出かけていったらどうですか。朝の会の時間に、各クラスを回って話をするんです。そうしたら、一か月で全クラスを回ることができます。一年生には噛み砕いた話を、六年生には難しい話を思い切りぶつけることが可能になります。そうしたら、今までの悩みがなくなるじゃないですか」

学校長が相好を崩すのに合わせ、私はさらに続けました。

「それからもう一つ、朝会を廃止するメリットがあります。全校朝会というのは、ただ学校長が話し、児童はただ黙って聞くという一方通行型のものでした。しかし、各教室に顔を出すとなると、そこで質問が出てきて答えたり、議論に発展したりすることだって期待できます。とにかく、一度やってみませんか」

年度が変わっていないので、まだその結論は出ていませんが、もし実現したら朝会がなくなるという事実以上の収穫があると考えています。

一つ目は、朝会という定番がなくなることで、

「他にも見直すべきものがあるのではないか」

教師が変化に対して前向きな気持ちを持つようになることです。臨機応変に考えようという姿勢は、必ず子どもたちにも伝わります。多くの子どもが教師をモデリングしようとするので、モデルたる担任の変化はすぐに伝わるはずだからです。

「先生がそう考えるのなら、私たちも……」

こんな調子で旧態依然の慣習や決まりにとらわれることが減っていくでしょう。

二つ目は、一つの定番をなくすことで、教師がそれに代わる新しい何かを生み出そうと創意工夫を働かせるようになることです。

「朝会ではなく、全学年の下校が同じ日に全校児童を集めよう」

「朝会は全てテレビ放送で実施しよう」

「月に一回、クラス全員が校長室に出かけて話をする日を作ろう」

子どもにとって良かれと考えられるプランを出し合い、それぞれの長所短所を整理した上で、学校にとって何がベストかを決めていくのです。仮に学校長が月に一回各クラスを訪問するという形に決まったとしても、確認しなければならないことはいくつもあります。テーマは学校長が決めるのか、それともクラスから要望を出すことができるのか。場合によっては、クラスではなく学年全

員といった単位でも良いのか。どちらに決まったとしても、担任や子どもたちは適宜必要な対応をせざるを得なくなります。この過程にこそ、意味があると考えるのです。

三つ目は、朝会と言えどもなくすには勇気が要るため、何が大切なのか優先順位を真剣に考えるようになることです。何の根拠も戦略もなく、ただ廃止したのでは愚の骨頂です。廃止するには、するだけの根拠が求められます。必然的に、

「この学校にとって、何が必要で、何が不必要なのか……」

日常的に見直そうとする動きが出てくるのは必至です。臨機応変に考えたり動いたりできるということは、瞬時に判断しそれを勇気を持って実行に移せることを意味します。そんな確かな眼が教師、子ども共に育ち、それが判断力へとつながっていくのです。それこそ、子どもたちに将来身に付けてほしい力なのではないでしょうか。

❷「始業式や終業式の意味って?」

そもそも儀式の意味

まだ駆け出しの教師だった頃の話です。六年生を受け持ち、卒業式の練習に初めて参加しました。子どもたちは指示をよく聞きながら真剣に練習に参加していましたが、先輩教師はその程度の真剣

さでは満足できないと子どもたちに伝えていました。私はダラダラ練習するより、ある程度の真剣さは必要だと思いましたが、それでも目の前の子どもたちの様子を見ていたら十分だと評価できました。

「このくらいできていたら十分ですね」

子どもたちを励ます意味でそう伝えましたが、答えは厳しいものでした。

「いいえ。この程度では恥ずかしくて卒業式に出せません。卒業式は単なる集会ではなく、れっきとした儀式です。儀式である以上、それ相応の態度は必要だと思います。これは、どうしても譲れない部分です。それに、ここで儀式への参加の仕方を学べば、将来同じような場面で恥をかかなくてすみます」

私は、このとき大きな違和感を感じました。それは小学校の卒業式程度の儀礼方式が、決して社会に出て役に立つものではないと思ったからです。また、儀礼の求め方は、それぞれの社会や団体によって異なります。卒業式の練習で学んだ方式が、恒久的なスタイルであろうはずがありません。

「全て子どものためです」

そう言って説得されましたが、内心では子どものためになろうはずがないと感じていたのです。

そもそも儀式というのは、

「公事《くじ》・神事・祭事・慶弔などの、一定の作法・形式で執り行われる行事」

のことを指しています。卒業式は、この中で言うと慶弔の部類に入るでしょう。卒業というお目出たい行事に際し、相応の礼を尽くすべきだというのです。

ただ、卒業式を取り仕切る主体は誰でしょうか。間違いなく、卒業証書を発行する責任者となっている学校長であるべきです。ということは、式のスタイルを任されているのも学校長と言えましょう。いわゆる、式の形式云々を決められる立場にあるのです。児童が取り仕切る主体でないなら、既に卒業式は儀式として扱わなくても良いことが分かるでしょう。

始業式や終業式も同様です。学習指導要領では「儀式的行事」に位置付いていますが、言ってみればただの集会です。

「学期の初めだから、けじめを持っていきましょう」

という考えも分かりますが、あえて厳かな雰囲気を出さなければピリッとしないようでは、そちらにこそ問題があると言えましょう。

「儀式だからやりましょう」

意味のないルーティンはこの際なくし、本当に必要なのかもう一度振り返って考え直すことが不可欠だと感じています。

バタバタと倒れる

二学期の始業式は特に気を使います。夏休み明けで体調も万全でない中、蒸し風呂のような体育館に全校児童を集めるからです。突然、

「バタン」

子どもが倒れる音を聞いたのは、一度や二度ではありません。倒れた子は、そのまま保健室に運

ばれますが、その間も始業式は粛々と続きます。それでも、

「始業式や終業式の形を変えましょう」

何らかの対策を求める意見は出されません。

「大切な式の存続に異を唱えるなんて、不謹慎の誹りを受けるかもしれない」

定番を壊すことへのためらいもあるのかも知れません。

しかし、冷静に考えてみたらどうでしょう。劣悪な環境で子どもたちを長時間立たせておく、または肌と肌が触れ合うような至近距離で長時間座らせておくのは、体罰と見られても仕方ないのではないでしょうか。体育館内は、体調が悪くても申し出にくい雰囲気です。不調を訴えようにも、頼みの担任が近くにいるとも限りません。つまり、少々苦しくてもきちんとすることを強いられるのが始業式や終業式なのです。

以前、バタバタ倒れる子がいることに懸念を示したことがありました。

「このままでは、いつか大きな事故につながりかねません」

しかし、返ってきた答えは予想外のものでした。

「最近の子は体力がないので、日頃からもっと鍛えなくてはなりませんね。そうすれば、集会で倒れる子も減るでしょう」

体を鍛えることと、倒れるという事実を回避することとは、話が全く別です。酷暑や極寒の環境で行うことに、意味はないと言っているのです。

倒れないまでも、暑さで汗が滴り落ちるようでは、また、寒さで手足がかじかんだまま立ってい

るようでは、本来の集会の趣旨を果たせるとはとうてい思えません。

「節目、節目で、大事な集まりだから……」

小さな頃から慣れ親しんできたので、始業式や終業式の存在が当たり前だと感じる気持ちはよく分かります。私も同様の環境で育ってきました。ただ、これからの時代に大切なのは、今まであったからこれからも続けるといった安易な踏襲ではなく、臨機応変に形を変えたり廃止したりする対応力なのではないでしょうか。このまま温暖化が進めば、

「2050年には、猛暑が10月中旬まで続き、京都の紅葉の見頃はクリスマスの時期になります」

こう警鐘を鳴らす学者もいるほどです。今のうちから、臨機応変に決断する訓練を教師、子ども共に進めておきたいものです。

なくしたらどうなるのか？

答えは簡単です。どうにもなりません。一つの活動が削減されるだけの話です。そもそも、始業式や終業式がないからと言って、学期が始まらなかったり終わらなかったりするわけではないのです。

今までいくつもの小学校を経験してきましたが、会の持ち方はどこも似たようなものです。

・開式の言葉
・校歌斉唱
・学校長の話

・各学年代表児童の言葉
・児童指導主任からの話
・表彰、その他
・閉式の言葉

だいたいこのような流れで進みます。これがないと始まらない、終わらないという要素は何一つないのです。

どうしても校歌を歌う必要があるのなら、教室でＣＤに合わせて歌うことが可能です。ただ、その前にわざわざ校歌を歌う必要があるのかどうか、吟味することも大切です。

「校歌は何のために歌うのですか？」

こう問われて、即座に答えられる教師や子どもは少ないでしょう。

「ただ式典や行事で校歌を歌わせなくてはいけないから、いやでも歌わせている」

教師の本音を言えばそうでしょう。

「いつも式の中に入っているから、それが普通だと思っていた」

子どもの感想もこの程度だと思います。つまり、どうしてもみんなで歌わなければならない必然性は見つからないのです。

学校長や児童指導主任の話についても同様です。無理して、学期初めや学期終わりに話さなければならない内容が存在するのでしょうか。

「今日から始まる新学期を大切にしましょう」

「今学期、みなさん本当によく頑張ってくれました」

始業式も終業式も、概ねこのような内容の話がされるはずです。しかし、子どもを励ましたり、評価したりするためには、全体ではなくもっと個々に目を向けるべきです。そうしないと、一人ひとりの心には届きません。

集まる意味を表彰に求める声があるかもしれません。ただ、私には全校児童の前で特定の子を表彰することを過度にすべきではないと思っています。運動で成績を上げた子どもについても、文化面で功績があった子どもについても、それぞれ関係各所で表彰を受けてきているはずです。それを重ねて、学校で表彰するのです。確かに頻繁にもらう子については達成感があると思いますが、無縁な子についてはその反対でしょう。

「みんなで励ます気持ちを大切にしてください」

学校長がこんな言葉を添えることもありますが、虚しく響いてしまうのは私だけでしょうか。得意なことがあまりない子たちのことを考えると、どうしても素直に頷くことができない自分がいるのです。

このように、なくなっても問題はないのです。あったからと言って、子どもたちの学力に寄与するとも思えません。だとしたら、思い切って廃止することも検討に値すると考えます。もしくは、別のもっと意味のある式や会に仕立てていけば、対応力を磨く訓練になるのではないでしょうか。

児童主体の始業集会、終業集会へ

それでも、

「節目に全校児童が一堂に会すること自体に意味がある」

という意見があるでしょう。だとしたら、教師の都合で定番のプログラムをこなすのではなく、会の持ち方を子どもに聞いてみたり、企画から運営までを任せたりしてみるのも一案だと思います。

例えば、二学期の始業式を始業集会という形で児童会に任せるとした上で、教師からいくつかの条件を提示するのです。

・この学期を頑張ろうという気持ちが持てるようにする
・暑さを考えて、時間は二十分以内とする
・なるべく全校児童が一堂に集まるようにする
・今までの内容と同じでも構わないし、全て変更しても構わない

こうして子どもたちに話し合わせたら、それだけで従来の形よりも大きな意味があるはずです。気候への対応やプログラムなどを含めて、子どもたちは臨機応変に対応することを迫られるからです。

子どもたちの話し合いは、白熱したものになるでしょう。学校が主体として行ってきた集会の運営を子どもたちが任されるのです。燃えないはずがありません。

「始業集会なので、やっぱり言葉は必要でしょう」

「でも、話ばっかりでは、みんなあまり聞かないと思う」

「じゃあ、ゲームを入れてみる？」

「暑い体育館でゲームっていうのは厳しいし、二学期の初日がゲームから始まるのは、何か違うと思う」

「じゃあ、一人ひとり二学期の目標を発表するというのは……？」

「二十分以内だから、全員なんて無理でしょ」

「そうだ。全員発表できるよ。高学年が聞き役になって、低学年と中学年が高学年に発表すればいいんだ。下の子たちは発表して高学年にアドバイスをもらえるし、高学年はアドバイスを送っていく中で気づくこともたくさんある」

そんな調子で、体育館の周囲に陣取った高学年の下に、下の子たちが代わる代わる発表に向かうという形式も考えられます。下の子たちは何人もの高学年に聞いてもらえるので、二学期を過ごす上での参考になるでしょう。高学年は高学年で、学校を引っ張るという自覚がより芽生えてくる期待も持てます。

これはあくまでも例ですが、それぞれの学校ごとに子どもたちが作っていけば良いのです。児童会という学校を代表するリーダーが集まっている組織であれば、この程度の課題に応えられないようでは仕方ありません。

「定番だからと言って回避するのではなく、何でも変化させる余地はある」

ことを教えていくには、絶好の題材だと考えます。

ここまで、

「意味のない集会をやめてみるのも一方法ではないか」

という問題提起をしてきました。決して、集会に対して個人的な遺恨があるわけではありません。カリキュラム・マネジメントをはじめとした教育課程の大きな部分では、全体像を共有しながら変えていくのは至難の業です。しかし、〝集会〟という全員のイメージが同じものであれば、また変えるにしてもさほど多くの労力を要さないものであれば、

「よし、やってみよう」

という気持ちになるはずです。大切なのは、変化に対して柔軟に対応していける力を持った集団にしていくことなのです。そのための練習台として、集会の在り方を見直す作業は、学校のルーティンを変えていく上で格好の材料なのではないでしょうか。

第2章

学校のキャンペーンはやめる

―継続できる力を育てる―

巷では、様々なキャンペーンが溢れています。

「1000ポイント、プレゼントキャンペーン」

などと銘打ち、消費者の購買意欲を促進させようというのがねらいでしょう。企業では、顧客に商品の存在を知らせるため、物やポイントなどを贈呈するときに実施することが多いようです。売り出しを強化したり、宣伝を打ち出したりするため、ある一定の期間に区切って実施するのが一般的でしょう。

ところで、なぜ期間を区切るのでしょうか。それは、あくまでも販売促進のためです。年間を通してやっていたのでは、

「まだ、やっているんだ」

消費者にそっぽを向かれてしまいます。

「今だけですよ」

限定性を与えることで、確かに今買わないと損をすると思わせる戦略です。

『期間限定』

という言葉が添えられているのが多いのも、そうした理由からでしょう。

それが、日常的にキャンペーンをやっていたらどうでしょうか。私がいつも買い物に行くスーパーマーケットの冷凍食品コーナーを見ると、

『半額セール実施中』

いつも同じ文字が飾られています。例えば、400円する冷凍ラーメンが200円で買えるので

す。そうすると、自然とラーメンの値段を200円だと認識するようになります。たまに表示が4割引に変わっているのを見ると、高いと思ってしまうのです。

毎日取り組まれていると、受け手は希少価値を感じなくなってしまいます。期間が限定されていると目を引くものの、キャンペーン期間外の消費には課題も残るでしょう。実は学校も似たような取り組みを行い、課題を抱えているのです。

❶「挨拶運動はだれのため、なんのため？」

挨拶運動誕生の経緯

私が教師になりたての頃、どの学校からも聞こえてきたのが、オアシス運動をやっているという報告です。オアシスとは、挨拶として大切だと思われる言葉の頭文字を取って組み合わせたもので、オアシス運動は挨拶運動の一種として行われていました。

・おはようございます
・ありがとうございます
・しつれいします
・すみません

昭和30年頃に作られたと言われるこの言葉は、響きの良い音で瞬く間に全国に広まったと言われています。戦後しばらく経ち、子どもたちの挨拶の実態に課題が出てきたと感じたからでしょう。挨拶をもっと充実させたいと願った発案者は、

「もっと何とか……」

そんな思いを持ってスタートさせたはずです。

オアシス運動を児童会や生徒会に委ね、子どもたちの主体性につなげたいと願った教師たちは、やがて校門での挨拶運動を始めました。担当の児童や生徒が校門に立ち、登校して来る友だちに、

「おはようございます」

元気に声をかけるのです。挨拶された子どもたちは、仕方なく挨拶を返すといった構図です。多くの場合、そこに教師も同席するため、挨拶を返さないと面倒になるとの思いもあったはずです。

私が小学校のときにも、校門での挨拶運動がありました。児童会の役員や担当の教師が朝から校門に立ち、声を張り上げていたのを覚えています。そのときは気づきませんでしたが、役員をしていた友だちは運動のためにみんなより早く家を出ていたはずです。

私も児童会の担当をしていた時期があります。前年度の取り組みをそのまま引き継ぎ、朝の挨拶運動を行っていました。集団登校のため、担当の子だけ早く来させるわけにはいかず、担当教師の私が真っ先に校門に立ちました。児童会役員の子は、登校したらすぐさまその運動に加わるという仕組みです。

「おはようございます」

私はどの子より大きな声を張り上げ、声の大きさを競っていたような感じさえありました。確かに、挨拶をもっと活発にさせたいという思いもありましたが、今思い返してみると、お祭り気分でやっていたような気持ちもありました。それも年間を通して取り組んでいたのです。

毎日やっているものだから、返ってくる返事もやがて形式的になってきます。そこで、停滞してきたなと感じると、登校して来る子に叱咤激励するのです。

「どうした？　朝から腹ペコか？　そんなんじゃ、一日もたないぞ」

「挨拶できずに、何ができるっていうんだ？」

やんわりした雰囲気のものもあれば、気合満点のものもありました。一時的とはいえ、返ってくる挨拶の声は大きくなります。

「よーし」

自分で勝手に納得すると、職員室に戻って行きました。具体的な目標を設定することなく、気がつくとただのノルマとして取り組んでいたのです。

成果が出なくても取り敢えず

毎日校門に立っていると、それなりに成果が出ると感じるものです。こちらから挨拶をしなくても、登校してきた子から先に元気な声が響くことも多くなりました。廊下を歩いていると、

「あっ、挨拶の先生だ」

低学年の子がハイタッチしてくることもありました。

「うん、うん、やればやっただけのことはある」

当時の私は、一人悦に入っていました。

児童会の子たちに聞いても、

「挨拶運動は続けた方が良いと思います」

全員が継続に肯定的な考えを持っていました。ただ、そんな私の自己満足に水を差す事実が浮かび上がってきました。

一つは、校門以外の挨拶が全く変わっていなかったことです。私以外にも、校門に立ってくれる同僚がいました。運動の成果についてやはり評価していましたが、あるときこんなことを言ってきたのです。

「先生。私はたまに校門に立っていますが、今日は都合があって外に出られなかったので、昇降口のところに立っていました。校門であれば、子どもたちはいつも元気に挨拶してくれるじゃないですか。でも、昇降口にいたら、ほとんどの子が黙ったまま通り過ぎていくんです。校門では、あんなに挨拶ができていたのに……」

これには大きな問題を突き付けられました。子どもたちの挨拶が良くなってきていたのではなく、単に条件反射的に挨拶していたに過ぎなかったのです。廊下での挨拶についても聞いてみましたが、結果は私を失望させるものでした。

「廊下ですれ違っても、そんなに大きく改善されたとは感じません」

私にハイタッチしてきた子というのは、単に興味本位で触れ合ってきたのにすぎなかったのです。

聞いてみると、どうやらその子は全員の教師とするわけではないようでした。挨拶運動の成果は、校門という限定された域を出ていなかったのです。

もう一つは、新年度の始業式のことです。このとき、私は校門に出て挨拶運動をしていませんでした。新しいクラスを発表するための名簿を再確認していたからです。たまたま、外に出てくれた同僚に挨拶の様子を聞くと、惨憺たる有様でした。

「三月は本当に元気な声が聞かれたのに、四月初日の今日きちんと挨拶してくれたのは、全校でもほんの数人でした」

子どもたちの実態はと言うと、廊下どころか実は校門の段階でも定着していなかったのです。新年度ということで児童会役員の子が校門におらず、いつもと様子が異なったため挨拶をしなかったのでしょう。

本当であれば、そこで挨拶運動を止めるべきです。しかし、私はそのまま継続させました。もっと頑張れば、もしかしたら広がりを見せると思っていたからです。あのときの私は、成果が出なくても取り敢えずやろうというスタンスでした。

「校門では挨拶運動をするものだ」

定番にとらわれ、臨機応変に対処しようという意思を持ち合わせていなかったのです。児童会担当の私がそうなのだから、子どもたちが異を唱えるはずもありません。結局子どもたちには時間ばかりをかけさせ、何の力も付けさせられなかったのです。

「このままでは意味がないから、他の方法を考えよう」

私が気づいていれば、臨機応変に対策を立てられていたはずです。

運動そのものを廃止へ

私が勤務する小学校でも、児童会による挨拶運動が行われていましたが、児童会の担当ではないので、意見をすることはしませんでした。

校門に立っていても意味がないというのは、子どもたち自身で気づいていくべきです。私が感心したのは、本部役員会の中で挨拶運動に対する疑問が子どもから出されたことです。

「いつも私たち児童会の担当が立っているだけでは、みんなが自分から挨拶をしようという気持ちにはなりにくいと思います。校門に立つ担当を毎日クラスごとに分担するという考えはどうでしょうか」

かくして、朝の挨拶運動はクラスごとに担当が校門に立つことに決定しました。子どもからの発案で、何でも試してみることは良いことです。上手くいけば、全て子どもたちの力になるからです。失敗したとしても、自分たちの問題なのでその原因は何かを真剣に考え、次に向けて修正しようと本気で考えるでしょう。いずれにしろ、なかなか素晴らしいチャレンジをするなと感心して見ていました。

クラスごとにローテーションしていくので、しばらくして低学年の私のクラスの順番となりました。子どもたちは登校したらすぐにランドセルを置き、元気に挨拶をしていきます。

「先生。挨拶をしても、返してくれない子がいるね」

「高学年がちゃんと挨拶すると、他の子たちも真似するね」

挨拶運動される側からする側へと変わると、普段では気づかないことが分かります。そうした意味でも、児童会の発案で方式を変えたのは、大きな意味があると感じました。

その後、このローテーションの様子をよく見ていました。担当になったクラスはどこもよく声を出し、その活気は職員室にまで伝わってきます。

「では、そろそろ実験してみようか……」

新しい方式が効果を上げているのかどうか確認するため、一人で昇降口に向かいました。知らん顔をして立っている私に、どの程度の子が進んで挨拶するのか評価するためです。結果はと言うと、あまり効果は上がっていないようでした。子どもたちはやり方は変わっても挨拶は校門限定という意識を拭えず、やはり一つの形式化がされていたのです。これ以上続けても、新しい成果が見られるとは思えませんでした。

では、どうすれば良いのでしょうか。私は校門に立って挨拶を活性化させるという運動そのものをやめれば良いと感じました。意味がなければ、他の方法にすべきです。定番だからと言ってずるずる続けていても、決して未来はありません。やり方そのものを改めるべきなのです。

「挨拶運動は、まず校門から」

これは学校が勝手に抱いている固定観念です。成果が出なければ次の方法を、それでもダメならまた別の方法を試すべきです。そうやって柔軟に対処する習慣を身に付けなければ、決まったことを間違いなく続けられるＡＩには決して勝てないのです。

そもそもの挨拶論に立ち返る

このとき大切なのが、

「なぜ挨拶を交わす必要があるのか」

というそもそも論に立ち返ることです。立ち返らないからこそ、何十年にもわたって取り組んでいるのに成果が上がらないもの、これからの時代にそぐわないものに執心してしまうのです。まさに思考停止状態と言って良いでしょう。確かに、例年と同じことをやっていれば安心です。何か不具合があったとしても、

「毎年やっていることだから……」

自分の責任を回避することができます。

ただ、学校教育の果たすべき役割は、何事にも無難な子どもを育てることではありません。変化の激しい、分野によっては予想すらつかない出来事が起こっても、慌てず焦らず冷静に対処できる人材に仕上げることです。そうしないと、子どもたちは生き抜いていくことができません。

もう一度初めの問いに戻りましょう。なぜ挨拶を交わす必要があるのかと言うと、それは相手とコミュニケーションを取る第一歩となるからです。日本の人口がこれからますます減少し、ＡＩに頼れない労働力を確保しようとしたとき、間違いなく外国人労働者の存在が必要になってきます。子どもたちの未来の姿は、職場の右も左も外国人という時代なのです。世界中どの国を取っても、挨拶する文化がない国はありません。挨拶ができないということは、その先のコミュニケーション

につながらないことを意味します。

「俺は挨拶は苦手だけど、相手との意思疎通は得意だ」なんて人はいません。決まりきった台詞が言えず、その先のフリートークが得意だなんてあろうはずがないのです。

挨拶ができる人は、相手と進んで関係を築こうという人でもあります。昭和の高度成長期であれば、決まった作業を黙々とこなすという仕事ぶりも評価されていました。昔気質の職人と言うと、まさにそんなイメージです。しかし、時代は大きく変わりました。3Dプリンターの出現により、人工骨すらそれで製作しようという時代なのです。次は4Dプリンターの出現かなどと囁かれる時代なのです。その先の近未来、人間一人の力で何ができると言うのでしょうか。チームで知恵を出し合い、より良いプランを導き出し、協力しながら物事を成し遂げるしか道はないでしょう。だとしたら、

「俺は一人でやるから……」

一匹狼で生きていくのは、もはや不可能なのです。つまり、コミュニケーションが取れない人は、やがて社会から淘汰される運命にあるのです。

それでも、挨拶運動が必要だと言う人はいるでしょうか。形として挨拶をさせるのではなく、子どもたちにはそもそも挨拶がどうして必要で、挨拶ができない人生には将来何が待ち受けているのかを教えるべきなのです。そこまで事前の指導をした上で、

「さあ、みんな。どんな取り組みが必要だろうか？」

改めて問いかけたとき、特定の運動が必要だと答える子どもはいないでしょう。

「自分で気づいていくべき問題だと思う」

「では、気がつかない相手にはどうすればいいの？」

「話し合って考えを深めていくしかない」

コミュニケーションの基本は、やはりコミュニケーションで解決していくのがベストだとなるはずです。

確かに学校には必要なルーティンもあるでしょうが、決まりきったことに疑問も抱かず、思考を停止させる危険性もはらんでいると理解すべきなのです。

❷「なぜ読書週間があるの？」

なぜ読書の秋なのか

多くの学校では、秋になると読書週間が待っています。読書推進運動協議会のホームページには、その歴史について次のように記述されています。

「終戦まもない１９４７年（昭和22）年、まだ戦火の傷痕が至るところに残っているなかで『読書の力によって、平和な文化国家を作ろう』という決意のもと、出版社・取次会社・書店と公共図書館、そして新聞・放送のマスコミ機関も加わって、11月17日から、第1回『読書週間』が開催されました。そのときの反響はすばらしく、翌年の第2回からは期間も10月27日～11月9日（文化の日を中心にした2週間）と定められ、この運動は全国に拡がっていきました」

読書週間誕生にはそうした切実な思いがあったのです。

しかし、時間の経過と共に、尊い思いは形骸化されていきました。

「涼しくなってきた秋の夜長と言えば読書でしょう」

などと安易にキャンペーン化されていったのが実情です。

私も今まで多くの学校を経験してきましたが、どこにも必ず読書週間が設定されていました。時期も歴史的な意味を持った二週間ではなく、秋ならいつでも良いと曲解されるようになっています。

読書好きの子にとっては、この二週間が甚だ迷惑だと聞いたことがあります。

「私たちは普段から本が好きだから、図書室によく通っています。静かで落ち着いた部屋なので、好きな本をじっくり読めて楽しいです。でも、読書週間になるといつも来ない子たちが大勢やってきて、ひどいときは図書室で本も読まずにおしゃべりしているんです。それで、ちょっと困ります」

「読書週間だから、最低二冊は本を読みなさい」

騒がしいとされるのは、担任の指示で仕方なくやってきた子たちでしょう。彼らにしてみても、言いたいことがあるはずです。

「せっかく外で遊びたいと思ったのに、先生が図書室に行くように言うから、仕方なく来たんだよ」

体力を持て余し、結果として図書室ではしゃいでいたに過ぎません。なのに、注意を受ける羽目になるという悪循環です。

では、そんな状況なのに、なぜ読書週間が今でも多くの学校に残っているのでしょうか。それは、我々教師の持つ意識にあります。読書週間を設定して格別大きな問題がなかったから、

「それでは、来年も……」

となってしまっているのです。実際にその期間は、図書の貸し出し数も飛躍的に増えます。プラスの結果が出ている以上、存続という判断になるのです。

もう一つ、存続している理由があります。

「週間」化することによる安心感

それは、週間化することで、

「きちんと仕事をした」

という安心感につながっていることです。元来、日本人は真面目な気質を持っているので、確かな形として残すことを求めるのでしょう。

教師の立場からすると、

「週間化することで、これだけの本が借りられた」

実績を残すことにつながります。ある担当が言っていました。

「立派な図書室があるのに、あまり借り手がいないと申し訳ない気持ちになる」

何とか読書の日常化につなげようと躍起になるわけです。しかし、悲しいことに、読書週間が終わってしまうと、図書室を訪れる子の数は激減します。期間中、楽しい本の紹介をしたり、図書室の飾り付けをしたりしているのに、その後につながらないのです。来室する子どもの気持ちを察すると、

「読書週間が終わったから、図書室に行ったり本を借りたりするのも終わり」

といったところなのでしょう。

図書委員会の子どもからすると、

「私たちも何か具体的な形に残る仕事をしたい」

希望する委員を引き受けた以上、仕事を全うしたいという気持ちになるようです。やはり、興味を持てそうな本を紹介したり、休み時間に低学年の子に読み聞かせを実施したりしています。しかし、担当教師とは反対に、来室者が減ってもさほど落胆していないように見えました。

「きちんと仕事をできたので良かったと思います」

様子を聞くと、仕事そのものに全力で取り組んだので満足しているという内容でした。読書に親しんでもらうという目的が消え、キャンペーンを行うこと自体が目的化していたのでしょう。

成果が出なくても、週間化することで、

「何かをやり遂げた」

そう感じるのはとても危険なことです。読書の広がりが目的なのに、キャンペーンそのものが目

的化してしまう恐れがあるからです。毎年の取り組みなので、是非を論じることもありません。学校が止まっていたとしても、社会は常に動いているのです。動き続ける社会で活躍できる人材を育てるためには、

「本当に必要？」

立ち止まって考える習慣が大切だと思います。

週間にしなくても習慣化

読書はとても素敵な時間を過ごすことにつながります。並べられた文字から様々な世界を想像し、物事が豊かに考えられるようになります。場合によっては、世界の見え方が変わることさえあるでしょう。人の生き方を変える力だってあります。映像で伝える映画とはまた異なり、読者が想像した世界はその読者一人だけのものなのです。ときに想像は映像を凌駕するでしょう。読書の魅力を伝えたいと考えるのは、多くの教師たちが感じるところだと思います。

だからこそ、限定された期間の読書週間にして欲しくないのです。担任は読書がいかに人生を豊かにするかを子どもたちに伝え、一年間を通して、読書の魅力を伝えていくべきです。特に低学年では日常的に読み聞かせをする必要があります。目で見る文字も大切ですが、信頼している大人の音声で伝えることも大切な時期なのです。

「本を読みなさい」

ただ口で伝えても、子どもたちには伝わりません。頭で想像することがどんなに素敵で広がりを

持つものか、日常的に体験させるのです。楽しいと思えば、子どもたちには必ず習慣として身に付きます。

図書委員会の子も同様です。キャンペーンのときだけ力を入れるのではなく、普段から本を手にしたくなるような仕掛けを考えるのです。低学年への読み聞かせを定期的に実施しても良いし、移動図書館と称して休み時間にカートを押して本を紹介して回るのも良いでしょう。図書委員の子どもたちにとって、もちろん全校児童に本を好きになってもらうことは大切ですが、それ以上に、

「どうすれば読書が習慣化するのか……？」

考える行為そのものが、臨機応変に対処していく力を養っていくのです。

一つの取り組みを振り返るとき、学校という場は、例えば読書の啓発活動が妥当だったのか、その一点で反省する傾向があります。ただし、極論を言えば、読書を広めるための取り組みが成功しても失敗しても、どちらでも良いのです。大切なのは、決まった取り組みだから何も考えずに前年度を踏襲するのではなく、

「何かもっと良い方法はないか……」

検討し、実行に移していく行動力を持つことなのです。そうすれば、いずれ社会に出たとき、必ず経験が生きてきます。

「読書週間のために、言われるまま読み聞かせをした」

では、次に生きませんが、

「従来のキャンペーンでは効果がなかったので、別の方法を試してみた。失敗したけど、反対にど

うすれば失敗するのか気づくきっかけになった」
こんな経験なら一生涯役に立つことでしょう。

もちろん歯磨き週間も廃止

私は図書委員会や読書週間だけを見直せと言っているわけではありません。保健委員会が中心になって進める歯磨き週間にも、同様に反対の立場を取っています。そもそも日常的に歯磨きをしないとむし歯になってしまうのに、その啓発活動を期間を決めて実施すること自体ナンセンスだと思っているのです。

ある学校にいたときには、歯磨き週間の間だけ学校に歯ブラシを持参し、給食後に全員で歯を磨く取り組みがされていました。

「歯を磨くことの大切さを伝えたい」

確かにその通りですが、歯磨き週間が終わると、食後の歯磨きも中止となってしまうのです。期間が過ぎても歯を磨いている子に、

「もう歯磨き週間が終わったから、持ってこなくてもいいよ」

と言っているのには驚きました。

学校ではキャンペーンの連鎖がみられることがあります。

「図書委員会が読書週間を充実させたから、保健委員会としても何かしないと……」

保健委員会の次は、例えば体育委員会の体力強化月間です。冬の寒さで外に出なくなるので、強

化月間と銘打って半ば強引に外に出そうというものです。確かに外に出るようにはなりますが、そこに肝心の子どもの意志は反映されていません。

「出ろって言うから出るんだ」

読書週間のときと同じ論理になってしまいます。

これからの学校は、思い切って全てのキャンペーンを見直すべきです。調べてみると、意外に多くの取り組みがあることに気づかされるでしょう。給食週間、清掃週間、挨拶週間、縄跳び月間など、ありとあらゆる場所に顔を出しています。思い切って、これらを一度全部廃止したら良いと思います。日本人は真面目なので、ただ廃止するのでは申し訳ないからと言って、

「では、他のもっと良いやり方はないものか……」

必ず代替案を考えようとします。そのタイミングこそ、学校のルーティンを変えてみるチャンスなのです。

第3章

係活動を変えてみる

――自分で考え、動く子供を育てる――

新年度が始まると、担任は学級組織を作らなければなりません。座席を決め、班を決め、一段落がつくと係を決めるのが定番だと思います。

「前の学年では、どんな係があった?」

「あのね、生き物係があったよ」

「他には?」

こんな調子で新しいクラスでどんな係が必要かを出し合っていきます。その中で担任としてどうしても入れて欲しい係があると、付け加えるように言うでしょう。

「今年からみんなは中学年で朝自習も自分たちでちゃんとやって欲しいから、朝自習係も追加してください」

そのクラスに必要であろう係が全て出そろうと、次はどの係を誰が受け持つのか、話し合ったりジャンケンで決めたりする時間となります。一定の盛り上がりを見せるその時間は、まさに新年度の風物詩とも言えるでしょう。

ところで、当たり前のようにクラスに存在する係ですが、本当に必要なものなのでしょうか。子どもたちが今後激動の時代を生き抜いていく上で、不可欠な学級内組織だと言えるでしょうか。

なお、ここで言う「係活動」の多くは、学習指導要領で言うところの当番活動に当たります。本来は、当番活動と係活動を区別する必要がありますが、ほとんどの教師は当番活動にも「~係」と名称をつけています。そうした現場の実態に即する意味で、ここでは係活動としてまとめています。

❶「クラスの係を全て廃止する」

そもそも生き物係の意味

生き物係の仕事とは何でしょうか。間違いなく、教室にいる金魚をはじめとした小動物、鉢植えの植物などの世話をすることでしょう。

係を作って活動することは、子どもに一定の成就感を与えるものだと思います。以前、音楽グループ〝いきものがかり〟が初めてテレビ出演したときの様子を、たまたま見たことがあります。命名の由来を司会に聞かれ、メンバーの一人がこう答えていました。

「僕たちは小学校からの同級生なんですが、共通点は生き物係だったことなんです」

「他にもいろいろな係があるのに、敢えて生き物係だったんですね」

「何か、生き物係って教室の隅で目立たないように活動して、僕たちらしいなって……」

詳細は覚えていませんが、だいたいこんなやり取りがされていたようです。私が驚いたのは、彼らがそんな昔の係活動にある種の郷愁を抱いていたことです。係を任せるということは、子どもにそれなりの成就感を与えるのだなとしみじみ感じました。

ところで、係を割り振ることの意味とは何なのか、先輩教師に聞いたことがあります。

「それは、自分が任された仕事を責任を持って最後までやり遂げる力を付けさせるためよ。自主性を伸ばす意味もあるわね」

「分担しないと、責任感や自主性は生まれませんか？」

重ねて尋ねると、当たり前だと言わんばかりに続けました。

「これはあなたの仕事だって明確にした方が、最後まで仕事を続けようって思うじゃない。教師だってそうでしょ。校内研究でも、児童指導でも、これはあなたの担当だってなるから、その人が責任を持って最後までやろうとするんじゃない。ましてや、相手はまだ子どもなんだから、細かく分担した仕事を与えなきゃダメよ」

私は多少の違和感を覚えました。無理矢理、責任感や自主性とはこうだと価値観を押し付けているような気がしたからです。

その後、学級活動で責任とは何か、話し合う機会がありました。

「自分のやるべきことを最後まできちんとやることです」

いつも真面目な男の子が答えるので、重ねて聞きました。

「では、やるべきことって、何だろう？」

「係の仕事をきちんと果たすことです」

男の子はそう答えましたが、他の子どもからは別の答えもありました。

「困っている人を助けるのもやるべきことです」

「自分で正しいって感じたこともやるべきことです」

いろいろ意見が出されていく中で、ようやく先輩教師とのやり取りで感じた違和感の正体に辿り着いたのです。

「そうか。子どもはそれなりに好きな係に取り組んでいるという点では評価していたけど、自分の係の仕事だけをやっていれば満足してしまうのではないか、その点が気になっていたんだ」

それでも、生き物係がいないと、教室にいる金魚やメダカは死んでしまう可能性があります。ベランダで育てている花が枯れてしまう恐れもあります。誰か気がついた人がやるという方法では、生き物が可哀そうだと思いました。

黒板係以外消してはいけない黒板

私は拭い切れない違和感を感じたまま、しばらく時を過ごしていました。そんな違和感が確かな疑問に変わったのは、ある子どもの一言です。何でも率先してクラスの役に立とうという女の子が、授業が終わってしばらく経ってもチョークが消されていないのに気づき、自分から黒板を消し始めました。そのとき、別の女の子が彼女に歩み寄ってこう言ったのです。

「黒板を消さないでくれる？　だって、黒板を消すのは、私たち黒板係の仕事だから……。私たちだけしか、黒板を消しちゃいけないんだよ」

その子は注意を受けると、

「ゴメンナサイ」

そそくさと黒板のもとを立ち去っていきました。黒板係の二人は、さも黒板が自分のものであるかのように、悠然と黒板消しできれいにし始めたのです。

担任の私が近くで見ていたので、黒板係の二人には、言ってはならない言葉を発したという自覚はなかったでしょう。それより、自分たちはこうして仕事をしていると私に見せることで、ある種の自尊心を感じたはずです。本来であれば、

「ありがとう。本当は私たちがやらないといけないのに、あなたが気づいてやってくれて助かったわ」

感謝を伝えて欲しいところでしたが、感謝どころか自分たちの領分を侵されたと感じてしまったようでした。

気がついて黒板を消そうとした子の心境はどんなものでしょうか。

「ああ、余計なことをしちゃった。これからは、他人の仕事を盗らないようにしよう」

責任感だけでなく、彼女の自主性の芽を摘んでしまったのは間違いありません。

「いや、君のやったことは正しい」

追いかけていってフォローはしましたが、根本的な解決にはなっていないなと感じていました。

冷静にクラスの様子を見ていくと、同じような事例はたくさんありました。専科の授業が終わって教室に戻って来ても、電気係が先に帰って来ないと教室はしばらく暗いままなのです。号令係の片付けが遅いと、いつまで経っても帰りの礼ができず、みんなで待っているといった有様でした。

「号令係さん、早くして」

待っている子がイライラした調子で注意し、互いに揉めることで、意味もなく下校が遅れるということさえあったのです。整列係の子が二人とも欠席した日は、いつもの時間に朝会に行くことす

らできませんでした。

責任感と自主性を生み出すはずの係活動が、両方を阻害する結果となっていることに気づかされたのです。その後、クラスで責任感や自主性を題材に話し合いを持ちましたが、しばらく経つとまた元の状態に戻るということが続きました。

そのとき、事態を打開する出来事が起こったのです。インフルエンザで欠席者が多く、給食当番や掃除当番など、分担をいろいろやりくりしなければならなくなりました。黒板係も、窓係も休んでいます。待っていても、係の子は来ません。仕方がないと思った子どもたちは、自分とは違う係の仕事を手伝い始めたのです。

「俺、給食当番代わってやるから、誰か給食台を拭いておいて」

「黒板消しとくから、誰かもう一つをクリーナーかけといて」

こんな調子でどんどん仕事を始めました。

「そうか。下手に係があるから、上手くいかなかったんだ」

私はそう合点しました。子どもたちに何を求めれば良いのか、明確になったのです。

全員〝自分から係〟

インフルエンザが治り、全員クラスに戻って来ると、子どもたちに告げました。

「今日から、クラスの係を全てなくしたいと思う。生き物係も、黒板係も、何もかも全てだよ。そうすると、金魚やメダカが死んでしまうって心配になるよね。大丈夫。気がついた子がやればいいから。このクラスには35人もいるんだから、エサがなくて死にそうな金魚に誰一人気づかないということはないでしょ」

突然の私からの提案に子どもたちから質問が相次ぎました。

「それでも、黒板を誰も消さなかったら?」

「誰も号令をしようとしなかったら?」

元来真面目な子どもたちは、忘れてしまったときのことを考え、気が気ではありません。

「大丈夫。黒板の文字が消えていなくても、授業ができないわけではないから。誰も号令をかけなかったとしても、いつかは帰れるから。大切なのは、係だからやるのではなく、自分で気がついて行動に移すことだよ。そうしないと、大人になって係がないとき、どうして良いのか分からなくなってしまう。先生って仕事だってそうだよ。学級通信を出すとか、授業をこうやってやるとか、実は決まっていないんだ。全部、自分でどういう方法が良いのか考えてやってる」

「それは分かったけど、生き物は死んでしまったら命は取り返せない。生き物係だけでも残しておいたら?」

子どもたちの心配は尽きません。

「その気持ちはよく分かる。でも、生き物係の二人が休んでしまったら、結局は同じことでしょ。誰かが必ず気づくって信じてるから、大丈夫」

ここには書ききれない問答をたくさん繰り広げ、子どもたち全員がようやく納得するに至りました。

さあ、翌日から全て自分たちでやるべきことに気づき、自分たちで行動に移す、係なしの生活が始まりました。始めてから一週間。係をなくしたことで困ることは、何一つありませんでした。黒板はみんなで先を争うように消し、号令係をやろうと誰もがものすごいスピードで片付けます。給食係もいませんが、

「誰か、もっとお替りしない？」

自分たちで呼びかける様子も見られるようになってきました。担任である私も実は実施することに心配がありましたが、予想以上の順風満帆なスタートでした。クラスが新しくなると、子どもたちはキラキラとした輝く表情を見せます。言ってみれば、それと同じような印象を受けていました。

残るポストの中身

私は、子どもたちのキラキラが、そのままずっと続くものと思っていました。しかし、キラキラして見えたのは、新しいやり方が始まり興味津々だったからに過ぎなかったのです。やがて、黒板が消されていない日がポツポツ出てくるようになりました。号令係は面倒でないので、誰もが前に来たがりましたが、清掃分担を確認する掃除係や机をきれいに並べる整頓係の仕事は、やる子が決まってきました。しまいには、子どもたちに配るプリントが入っているポストの中身を確認する子が、一人もいないという日も出てきたのです。係を決める際、ポスト係は人気がありますが、教室から離れたポストにまで思いが行かないのと、やはり面倒だという気持ちが働いたのでしょう。

もちろん、子どもたちにとって必要なプリントを配付しないわけにはいかないので、たまったプ

リントは適宜私が持っていくようにしました。

「先生。すみません」

子どもはそうは言っても、翌日もポストを確認しに来ようとはしません。そうした中、一人の子がみんなに呼びかけました。

「行ける日は僕が行くようにするから、もっとみんなも気にするようにして」

「ありがとう」

全員で彼に感謝する言葉を述べても、状況は一向に変わりませんでした。黙ったまま様子を見ていると、何と彼に全てを任せたまま二週間が経過したのです。その間、彼はポストの確認だけでなく、整頓や窓閉めなど、みんなが嫌がる仕事に積極的に取り組んでくれました。それでも、

「今度は僕がやるよ」

誰も彼を助けようとはしなかったのです。

黙々と取り組み続ける彼に声をかけました。

「一人でやっていて、辛いとは思わない？」

彼は一瞬答えを躊躇っていましたが、私が正直に言うように促すと、全員の前で思いの丈をぶつけたのです。

「一人でポストの中を見に行くこと自体、あまり大変だとは思わない。でも、みんなは自分から仕事を考えてやるって言ったのに、知らん顔してるのは本当は辛かった。やるって言っているのにやらないなんて、本当にずるいよ！」

彼の言葉に誰も反論することはできませんでした。事実、多くの係の仕事を彼一人でこなしていたようなものだったからです。みんなはそれを知っているのに、楽な方に流れていたのです。

「ゴメンネ」

何人かが謝りましたが、彼は許しませんでした。

「今はこうやって先生がいるから謝っているんだろうけど、先生がいなかったり、また時間が経ったりしたら、どうせ元に戻っちゃうんでしょ」

確かに、前回の子どもたちの様子はそうでした。彼の心配はもっともなものです。そこで、私からみんなに伝えたのです。

「自分で判断して行動するというのは必要だと分かっているだろうけど、面倒だから誰かに任せてしまおうと思うのが人間だ。でも、大きくなって社会に出たとき、〝面倒だからやりませんでした〟では、すまないことが多いと思う。反対に、ここで問題を解決できれば、大人になっても生きていく力が身に付くだろう」

かくして、時間をかけて話し合うことになったのです。

係の意味を問い直す

特定の役割を与えられたから動くというのは、大人でもあることです。担任のときには出勤時間が遅かった同僚が、管理職になった途端に早出をしてくるなんてことは、よくあることです。クラスの係もそうです。宿題をさぼってばかりの子が学習係になると、突然忘れ物がなくなるなんてこともありました。人間という存在は、明確な仕事を課せられると頑張るという特徴を持っているのでしょう。

では、なぜ係を任されると、人はきちんとやろうとするのでしょうか。答えは、やらなかったときに後ろ指を指されたくないからです。人気の黒板係になっても、消し忘れが多いと、

「ジャンケンまでしてなったのに、何なのよ？」

周りから責められてしまうでしょう。それが嫌だから、ちゃんとやろうとするのです。だから、自分の係でないとなかなか進んで仕事を手伝おうとはしません。笑い話に聞こえるでしょうが、清掃係の子がゴミが落ちていると進んで拾っていましたが、次に他の係になるとゴミを拾わなくなったこともありました。それは、そうした心理からです。

経団連が、２０１９年４月入社対象の採用選考活動全般について調査を行ったところ、選考に当たって最も重視した点は、上位からコミュニケーション能力、主体性、チャレンジ精神となっています。現段階で、企業は仲間とコミュニケーションを取りながら何でも進んで挑戦する人材を求めているのです。ＡＩがますます台頭してくる今後、その傾向はより顕著になっていくでしょう。だとしたら、係を分担してそれを忠実に実行させようなどというのは、前時代的な考え方です。

ただ、子どもたちは係を分担するという形に、あまりに慣れすぎていました。そこで、根本的に係の意味を問い直す話し合いを徹底的に行ったのです。

「今までは係があったけど、どうして係が必要だったと思う？」

「係を決めないと、やらない人が出てくるから」

大人と違い、子どもの意見は率直です。

「では、元々人間はさぼりたい生き物だから、さぼらないように係を作っているの？」

「やる子もいるけど、やらない子もいるから、係を作っていたんだと思う」

「分かった。それなら、さぼる子だけ係を作ればいいんじゃないの？」

「それって、不公平だと思う」

「どうして？」

「みんな同じ仲間なのに、係がある人とない人がいるのは、何か良い人とダメな人とに分かれているみたいで、不公平だと思う」

「では、彼にばかりポストの仕事を押し付けたのは不公平じゃないの？」

「今思うと、不公平だったと思う」

「もう一度言うけど、どうして係が必要なの？」

「みんなが困らないように学校生活していくため」

「そのためには、どうすればいいの？」

「一人ひとり、自分から良くしていこうという気持ちを持てばいい」

「彼にばかり任せていたのは？」

「誰かが良くしてくれるだろう思っていたから」

こんな調子で徹底的に話し合いを行いました。話し合いの中で子どもが気づいたのは、人に任せていても決して学校生活は快適にならないということです。今まで通り、何の疑問もなく定番の係活動をしていたのでは、気がつかなかったことです。最後に、私から子どもたちにこう伝えました。

「係の仕事だからやるというのは、周りの目を気にしてただやらされているだけに過ぎないと思う。みんなが大人になる頃には、もしかしたらロボットが人間に代わって仕事をしているかもしれない。ロボットは言われたことだけはできる。反対に、自分で考えて違う動きができないのが特徴だ。大人になっても、必要な人間として生きていくためには、自分で考えて動いたり挑戦したりすることが大切なんだ。係をなくし、自分で気づいて動けるようにしたのは、実は人間らしさを取り戻すためだったのさ」

ここまで失敗する体験も多くしてきたので、子どもたちは実感を持って聞くことができていたようです。

「明日は僕がポストを見に行くよ」

何か月経っても、声を掛け合って仕事をしようという雰囲気が続いていました。コミュニケーション能力、主体性、チャレンジ精神を獲得した証拠と言えるでしょう。お決まりのルーティンにこだわっていたのでは、こうはならなかったと断言できます。

低学年でもできる

初めて係をなくしたのは、四年生を担任したときのことです。そのとき、私はこの形がどの段階からできるのか興味がありました。

「低学年ではまだ早いか……」

そう思って数年たったとき、二年生を担任する機会がありました。はじめは、1学期は係を作り、2学期からなくそうかなとも考えましたが、思い切って新年度からなくしてみることにしました。

「まあ、自分からやろうという意識が1学期の間で芽生えればいいか……」

ゆったりと考えていたところ、予想外の事態が起きました。子どもたちに係をなくす意味を教えその日から実施すると、すぐに臨機応変に対処しようという様子が見られるようになったのです。

例えば、給食当番が休んでいると、

「誰か、当番が休んでいるから代わってくれる?」

当番以外の子に声をかける様子が見られました。

「何をすればいい?」

「パンを運ぶのをお願い!」

休んでいる子を確認するだけでなく、何の当番かまで調べてあったのです。トイレ掃除の子が一人欠席して数が足りないときには、

「誰か、一人いなくても平気な掃除場所はありませんか?」

全体に質問し、何人かいる立候補者の中から、人数が多い教室の担当から選んでいる様子も見られました。

ある日、1時間目が始まろうとしたとき、私に電話が入っているという報告がありました。欠席の子がインフルエンザかどうかの確認だと言うので、職員室に戻らなくてはなりません。本来であれば、何か自習内容を指示してから行くべきでしょうが、この日は急いでいたのでつい何も言わず

教室を後にしてしまいました。電話を終え、急いで教室に戻ったときのことです。おしゃべりをしているると思いきや、全員が何かノートに書いています。

何をしているのか見てみると、漢字練習をしている子、物語教材の感想を書いている子、主語と述語の関係について勉強している子など、様々でした。一体、誰がこんな指示を出したのか聞いてみると、さらに意外な答えが返ってきました。

「別に誰も指示してないよ。ただ、待っている間時間が無駄だから、一人ひとり考えて苦手なところを勉強してたんだ」

私はその様子に、ただただ驚きました。

なぜ低学年の子たちがここまでできたのか、その理由を考えてみました。中学年での経験を活かし、特別な仕掛けを準備したわけではありません。しかし、一つだけ心当たりがありました。子どもたちが低学年であったことです。係活動とはこういうものだという、妙な固定観念が浸み込んでいない分、素直に受け入れられたのでしょう。子どもたちにすんなりと受け入れられた理由を聞いてみると、

「だって、何でもやっていいって言うから、こっちの方が楽しい」

屈託がありませんでした。

学校が今まで当たり前のように続けてきたルーティンを意味もなく続けていくと、思考力や対応力を奪う結果になってしまいます。定番によって得られる力など、先行き不透明な今後の社会では役に立たないものばかりです。社会の形が変わったら、素早く順応できる力を持った子どもに育て

たいものです。

❷「日直もなくす」

そもそも日直の意味

端的に言うと、日直は一日限定でクラスの責任者になることを指しています。責任者といっても、代表委員や学級委員のようにクラスを代表するポストではなく、あくまでも雑用係としての責任者です。各教室の管理責任者が担任であるように、子どもサイドから見たその日のクラスの責任者ということになるでしょう。

さて、日直の業務とはどのようなものでしょうか。日直はこんな仕事をするという規定はありませんが、朝の歌の指揮、授業の号令、学級日誌の記入、黒板掃除、教室移動や帰るときに電気を消す役割、帰るときに窓を閉めてカーテンを開ける役割、朝と帰りの司会と号令などが一般的な仕事内容でしょう。子どもたちに、なぜ日直をやるのか尋ねると、

「その日は自分がやるって決まっているから」

躊躇なくこう答えるはずです。

この、決まっているからやるという考え方を持っているようでは、もはや学校教育の中で実施し

ていく価値はありません。今後、変動が当たり前になっていく社会にあって、不変はとても危うい姿勢だからです。

「とりあえず、日直がいると便利だから……」

もし担任がそう思っているとしたら、子どもたちを自分の仕事を補完する存在として扱っているのではないかと危惧すべきです。

元々日直の直の字は、番に当たることを意味しています。歴史上、番に当たる習慣は古くから学校に存在しました。昔あった教師の宿直もそうです。『学校ことはじめ事典』には、教師の宿直の意味についてこう書かれています。

「1950年代までは教員の宿日直制は常識となっていた。この教員宿日直制は、御真影《ごしんえい》と勅語《ちょくご》謄本《とうほん》の保管警備に発端していた。明治後半以後の学校規模の拡大にともなって、授業時間外の学校警備が問題として意識されるようになった」

御真影とは、天皇の肖像写真や肖像画を敬って呼ぶ言葉です。勅語謄本とは、教育勅語の謄本のことです。明治時代から戦後まで続いていたとは、本当に驚くばかりです。諸説はありますが、教師が行っていた宿日直や日直を一部教室に持ち込み、教室を管理する一助として誕生したのが子どもによる日直制度だと考えられています。

日直とは、戦前から始まっている係活動なのです。それなのに、多くの学校やクラスで今も当たり前のように残っています。日直を任せることで、臨機応変に対処する力が付くのであれば、何も問題にはしません。ただ、少なくとも私の周りでは、そのような報告は一件もありません。子どもによる日直制度こそ、教師にも子どもにも物事の意味を考えないようにさせてしまう悪しき慣習の土台となっているのではないでしょうか。

定番の朝の歌をやめる

私は歌声活動そのものを否定しているわけではありません。朝に歌うことに反対な立場を取っているわけでもありません。当たり前のように朝は歌を歌うものだと決めつけたり、日直や音楽係に指揮をさせたりすることに何の疑問を抱かないのであれば、それはやめた方がいいと言っているのです。

日直が歌の指揮をする際、そこに臨機応変さはあるでしょうか。朝の会のプログラムに歌があり、指揮者の欄に日直と書かれているから反射的に指揮をしているだけのはずです。従って、独自の判断は許されないはずです。

「今日はみんな疲れているから、歌はやめましょう」

こんなことを言った日直がいるとは、未だかつて聞いたことがありません。一番だけ歌い終わった段階で、

「今日の歌声は完璧なので、思い切ってここで切りましょう」

こんな判断を下すゆとりすらないでしょう。

前日の運動会練習では暑さがひどく、何人も体調不良が出たということで、歌いたくないということもあるはずです。朝から友だち同士の諍いがあり、とても歌う雰囲気ではないということもあ

るでしょう。それでも、朝の会を粛々と行わなければならず、歌の場面になると、無理矢理でも笑顔を作って指揮をするのです。日直が旧来の型を守るためにあるのだとしたら、即刻廃止した方が良いと考えます。子どもたちは、もっと自由であるべきです。

「何か、今朝はみんなで歌いたいね」

「じゃあ、歌おうか」

「ということで、先生。今朝はみんなで歌を歌いたいと思います」

「指揮は私がやりまーす」

こんな調子で朝の歌がスタートするなら最高です。

ただ、多くの場合は朝の会と言えば歌を歌うのが定番だから、とりあえず入れておこうというのが本音ではないでしょうか。もしくは、

「みんなで共通で取り組む活動を入れれば、クラスがまとまっていく」

安易にそう考えているのではないでしょうか。日直がやることを増やすため、司会をさせたり指揮をさせたりしている可能性もあります。

日直を廃止したら、そもそも朝の会をどうするかという点から考え直すはずです。係がなく、日直もいなければ誰が進めるのでしょうか。

「自分でやろうか……」

まさか担任自ら司会を買って出ようとは思わないはずです。日直の業務である歌の指揮の是非を見直すことで、本当に子どもたちに必要な活動とは何なのか、もう一度考える契機となるのではな

いでしょうか。

授業の号令もやめる

どうしても日直は残したいと考えるなら、それはそれで良いと思います。ただ、不要な授業の号令はぜひ廃止して欲しいと願っています。

「良い姿勢をしてください」

「これから1時間目の国語の勉強を始めます」

「よろしくお願いします」

小学校ではよく耳にする授業開始を告げる挨拶です。どうしてもこの台詞に違和感があり、私は20年前からわざわざ言わないように伝えています。教師として当然の授業を始めるのに、お願いされる筋合いはないからです。極端に言うと、仕事なのでお願いされなくても進めるつもりです。授業の終わりに、

「ありがとうございます」

と言われるのも違和感があります。当然の仕事をしただけなのに、感謝されたいとは思わないからです。当たり前に登校して来る子どもたちに、

「今日も学校に来てくれてありがとう」

果たして、こんな台詞を言うでしょうか。

定番の台詞を子どもに無理強いすることも気が引けますが、

「良い姿勢をしてください」

日直の指示で背筋をピンと伸ばした後、号令が終わってすぐに猫背に戻るのも気になります。挨拶さえすめば、後はどうでもいいと言うのでしょうか。ここでの良い姿勢をすることとは、

「今から号令するんだから、そのときくらいは姿勢を正してください」

限定的な意味を示しているのでしょうか。私は良い姿勢を求めるのであれば、1時間ずっと背筋を伸ばして受けているべきだと思います。少なくとも、我慢強さは身に付くでしょう。反対に、そんなに緊張して授業を受けなくても良いというのであれば、敢えて姿勢を正す必要はないと思うのです。

いずれにしろ、私が理想とする授業の始まりと終わりは、日直が号令することなく始まり終わることです。授業というものは、誰かが開会を宣言しなくても、自然にスタートするべきだと思います。スタートの合図が鳴らないとスイッチが入らないのは、自分でやる気のスイッチを押せないというようなものです。自分の行動を決して他人に委ねてはいけません。教師が授業を始めようとしたとき、

「よし、やろう」

自分からテンションを上げていくべきなのです。自分にはっぱをかける前向きな姿勢は、臨機応変な対応力に必ずつながるはずです。

日直をなくすか、少なくとも授業の号令をやめたとき、今までしていた一日あたりの数回分、なぜ今まで号令をしていたのか必ず考えるでしょう。その上で、

「よし、今日の授業は大切だから、良い姿勢をして聞こう」

本人がそう決めて臨むのであれば、意志を伴っている分、相応の意味を持ちます。

「おっ、そろそろ授業が始まるな……」

頑張って授業に参加しようという気持ちを自ら持てれば、授業そのものが本人のものとなるでしょう。臨機応変さとは、自分の意志を持つことの延長線上に存在するのです。教師は従来の慣習に振り回されない、柔軟な考え方が必要です。

朝と帰りの会の司会は?

日直も係もないと、朝の会や帰りの会を誰が進めるのかという問題が残ります。結論から言うと、私は両方ともなくしてしまえば良いと考えています。型にはまった会の運営をしたところで、臨機応変な力は付かないと思うからです。

例えば、帰りの会のメニューとしては、次のようなものがあるでしょう。

・日当ての振り返り
・友だちのいいところ見つけ
・係からのお知らせ
・明日の連絡
・先生の話
・クラスの歌

・帰りの挨拶

司会をなくしたら、どうなるのでしょうか。教師が翌日の連絡をした後は、子どもたちがアットランダムに話をする時間となるのです。

「明日はクラス全員で遊ぶ日にしたらどう?」

「朝みんなで歌ったらとてもきれいだったので、帰りにもう一度歌わない?」

「今日、音楽室に行くとき、誰も電気を消そうとしなかったから、次はそうならないように気をつけてください」

このように特定のプログラムを遵守するのではなく、子どもたちが自主的に言うべきと判断したことを発表する場になるはずです。放っておけば、互いに目配せしたり、譲ったりしながら、発表する順番を決めていくことでしょう。教師が司会を務める必要もないのです。

はじめのうちは、気づいた順に発表している子どもたちも、やがて連絡や注意、呼びかけなどを分けて行っていくはずです。そちらの方が効率的だからです。そうした効率化に気づかなかったときは、授業の中でグルーピングの仕方を教えていけば良いでしょう。やり方さえ分かれば、やってみようとする子が出てくるはずです。

また、私は多くの小学校に〝友だちのいいところ見つけ〟コーナーがあることも気にかかっています。

「今日、友だちが遊ぼうって誘ってくれました。ありがとう」

言っている子の気持ちは分かりますが、コーナーというお膳立てがないと伝えられないようでは、先行きが心配です。誘ってくれたら、そのときに感謝を伝えるべきだし、みんなの前で言う必要もありません。善行を紹介することで、多くの子どもたちの範になればというねらいがあるのでしょうが、それにしても不自然極まりないと思います。誰かに言いたいことがあれば、〃いつ、どんなタイミングで、どのような言い方で〃伝えるのか、考えてから言葉を発するべきです。お膳立てされた場だけで安心して言葉を述べているようだとしたら、その子の行く末がとても心配になってしまいます。

ここでは日直不要論を提起しましたが、同時に当たり前のように行っている朝の会や帰りの会が本当に必要かどうか、検討してみるのも良いでしょう。大切なのは、担任の都合で会を運営することではなく、その活動によって子どもたちがこれからの社会で生きていく力を付けられるかどうかなのです。

❸「美化委員会もなくす」

必要な一人ひとりの美化意識

清掃委員会、環境委員会、美化委員会と名前は異なりますが、校内美化を目標とした委員会が設置されていることが多くあります。例えば清掃の時間、放送を使って清掃の徹底を呼びかけることがあります。大掃除があると、掃除計画を出したり各クラスを回って掃除の仕方を説明することもあるでしょう。

「僕が中心になって学校をきれいにする」

そんな心意気を持って美化に取り組む姿勢を決して否定する気はありません。ただ、果たして美化委員会に任せることが正しいのか、疑問に思ってしまいます。

そもそも、清掃活動は、自分が汚い場所を見つけ、どのようにきれいにしていくかを考える点に意味があると思っています。

「そこ汚いから、きれいにしておいて」

他人からの指示を受けて取り組んでも、そこには自分から関わろうという意識が欠如します。

大掃除についても同様です。美化委員が大掃除計画を出すことを余計なこととは言いませんが、クラスごとに重点として取り組むべき場所は異なるはずです。校庭に面したクラスは、窓ガラスや窓枠が汚れるため、濡れ雑巾で拭き取る作業が考えられます。日当たりの悪いクラスでは、ベランダの苔を除去する作業も必要でしょう。場所や高さによって、重点とすべき箇所に違いが出て当然なのです。真面目な彼らは、

「大掃除だから、何とか方針を出さないと……」

形に残るものを出そうと躍起になるのです。しかし、本来美化活動とは、一人ひとりがねらいを持って取り組むべきものではないでしょうか。

子どもたちはプライベートの空間はきれいにしますが、パブリックスペースについて無頓着な傾

向にあります。

「ここは自分だけの場所じゃないし……」

廊下にゴミが落ちていても、知らん顔をして通り過ぎていく子が多いのが実情です。掃除は先生や委員会の指示でやるものという意識を持っているからです。家庭でも自分の部屋以外の場所を進んで掃除する子は少ないでしょう。パブリックスペースは自分の場所ではないから関係ないという考え方になってしまっているのです。しかし、それでは困ります。パブリックスペースは個人の場所も兼ねているのです。

美化委員会を組織するということは、人は進んで掃除活動をしないから、誰かが啓発活動をしなければならないという前提に立っています。しかし、美化意識は人間の心の底から湧き出てくるべき類のものです。

「言われるからやろう」

ではなく、自分から進んでやるべきです。多くの学校には、当たり前のように美化に関する委員会が存在しますが、人間の心の在り方を規定するような組織を作ってはいけません。仮に、真心委員会なるものが誕生し、日々善行を施すように呼びかけているとしたら、異様に映ることと同じなのです。

花植えはボランティアを募集

美化委員が花壇に花を植えている姿を目にすることがあります。学校環境を整えるため、少しでもきれいにしようというのがねらいでしょう。もちろん、花壇に咲き誇る花は美しく、見る者を虜《とりこ》にします。

ところで、なぜ委員が花を植えるのでしょうか。それは委員会の活動内容に花を植える内容が記載されており、学校予算を使って花の種や苗を買っているからです。

委員会に所属できない中学年以下の子どもたちが、

「キンギョソウを植えたい」

と思ってもダメなのです。一つは高学年でないため、委員会に所属していないからです。もう一つは、例えばキンギョソウではなくパンジーを植えることが決まっているからです。計画にないことは変更がきかないのです。

本来の教育の目的は、パンジーを植えて環境を整えることではなく、学校をきれいにするという目的に向かってどのような取り組みをすべきか考え、実践の方法を模索していく中で、課題に対する対処の仕方を学んでいくことです。だとしたら、美化委員会の活動イコール花を植えることという固定観念は、子どもを伸ばすことにはつながりません。決まりきったことを前年同様に行うのは、ただの思考を伴わない作業に過ぎないのです。これでは、予期せぬ事態に遭遇したとき、臨機応変に対処することなどできるはずがありません。

では、どうすれば良いのでしょうか。何の花を植えるのかは、希望する子どもたちにアンケートを採れば良いでしょう。全員参加しなかったとしても、好きな子どもは図書室に行って本で調べるかもしれません。その後、投票結果を提示すれば、また別の子たちが興味を持つ可能性もあります。

興味の連鎖が期待できるのです。

花を植える際は、ボランティアを募るべきです。

「来週の金曜日の昼休み、植えたい花アンケートで第一位になったパンジーと、第二位になったキンギョソウを植えます。参加したい人は、校庭の花壇の場所に集合してください」

美化委員が毎年のように花を植えるのではなく、希望した子たちが参加するので、

「私はパンジーを植えたかった」

本人の意志が反映されます。自分の意志で来た子の多くは、目的意識を持っているものです。図書室で植え方を調べてきた子もいるでしょうし、家で母親と植えた経験を持つ子がいるかもしれません。特にこだわりを持ってこなかった子がいたとしたら、

「そうやって事前に調べる手もあるんだ」

進んで準備することの大切さを学ぶでしょう。花を植えるのは美化委員の仕事だという定番の意識を捨て去れば、こんなにも広がる可能性があるのです。

確かに、高学年で仕事に慣れている美化委員に仕事をさせれば、担当教師は楽には楽です。ただ、ボランティアを募った結果、美化委員の何人かがそこにいて、美化委員ではなくても栽培が好きな高学年の子がいて、何をするのか分からないのに、

「何だか楽しそうだから来ちゃった」

低学年の子がまた何人かいる。そんな多様な組み合わせの方が、むしろ楽しいではありませんか。花を植えるという活動一つとっても、意識の持ち方一つで意味合いが変わってくるのです。

落ち葉掃きもボランティア

美化委員会がなくなれば、落ち葉掃きを担当する委員会がなくなってしまいます。それこそ、ねらいの一つでもあります。学校に植わっている木が落とした落ち葉があるのに、高学年の一部しか掃除に参加しないのはあまりに歪《いびつ》だからです。そのような体制を続けていたら、

「葉っぱが落ちているけど、高学年の人がきれいにしてくれるんだ」

他人事に感じてしまう雰囲気が蔓延してしまいます。美化委員以外の高学年も参加しにくいでしょう。もし参加しようとしても、

「ウチらの仕事だから……」

妙な縄張り意識が生じ、協同の難しさが残るはずです。そのような感覚が積み重なると、

「自分自身には関係ない」

分担されなければ動けない、または動かない人間を量産することになります。

美化委員会がなくなれば、落ち葉掃きは全校児童の問題となります。ただ、ここで例えばクラスごとに分担するような方式ではいけません。クラスごとに取り組めば、全校児童が少なくても一回は落ち葉掃きに参加したという事実は残るでしょう。しかし、分担して取り組むことで得られる力とは、一体どのようなものでしょうか。結局、

「やりなさいと言われたから、やった」

それは間違いなく、今後に生きるものではありません。あくまでも、ボランティアという形がふ

さわしいと思います。

ただ、花を植える作業とは違い、放送で呼びかけるのは避けたいところです。花壇での作業は精々数回程度でしょうから、知らなかった子がいないように、確実に伝わる形での告知が必要です。対して、落ち葉掃きは一か月といった期間で取り組むものです。例えば、校門で教師が掃いていたら、登校する子どもたち全員が目にすることになります。口で伝えなくても、目で認識させることができます。放送で呼びかけるのと比べると、また一歩進んだ形と言えるでしょう。

毎日数人の教師が落ち葉を掃いていたら、必ず寄ってきて様子を聞く子どもが出てくるものです。それでも、勧誘してはいけません。勧誘は本人の意志を妨げる行為です。教師が理由を聞かれたら、

「きれいになると気持ちいいでしょ」

そういう程度で良いのです。あくまでも、子どもの意志で参加しなければ、社会に出たときに役に立つ力とはなり得ないのです。

今の委員会が本当に必要か?

ここで補足しておきますが、私は美化委員会に特別な感情を持っているわけではありません。本当に必要な委員会か考えるとき、分かりやすい例になると考えたからです。同じような視点で見ていったとき、他にも不要な委員会はあるはずです。

例えば、多くの学校で生活委員会なるものがあるようです。仕事内容は、ろうかを走らないなど学校生活のルールを徹底させるものです。私は注意する子が決まっているという体制は、改めるべ

きだと思います。廊下を走っている子を注意するのは生活委員だからであり、翌年に他の委員会に移ったら同じように注意するとは思えません。そもそも、廊下を走ってはいけないというルールは正しいものなのでしょうか。大けがをした子がいたら、走って養護教諭を呼びに行っても良いはずです。放課後に忘れ物を取りに来た子が、担任教師を待たせまいとして廊下を走って教室に行く姿は微笑ましい限りです。廊下を走らないという一律的なルールではなく、

『廊下にはいろいろな学年の子がいるので、状況を考えて行動しましょう』

このような子どもの思考に結び付く余地があった方が良いと思うのです。問答無用で取り締まる委員会の存在は、前時代的なものと言えましょう。

給食委員会も同様です。ボードに献立を書いたり放送で献立の詳細を説明したり、低学年の運搬補助をしたりするのが中心的な仕事でしょう。しかし、献立については栄養士さんが毎月献立を配るはずなので、紹介は不要なはずです。そんなことをしたら、自分の目で確認しなくなってしまいます。一年生の運搬を補助する必要があるのであれば、当番でない高学年が臨機応変に手伝った方が素敵です。慣れてきた二年生の手伝いをしたら、彼らが当番で大変なときにどのように対処すれば良いか考える機会を奪ってしまいます。親切心から仕事をしているのでしょうが、却って創意工夫を奪う事態になっているかもしれません。

自主性を培う委員会活動は当然必要ですが、教師のお手伝い的な仕事をする委員会があったら、早急に見直すべきです。臨機応変さを前提とした自由度がないとしたら、躊躇なくなくすべきでしょう。

第4章

学校の決まりを変えてみる

――自分で判断できる子どもを育てる――

学校に存在する決まりは、多くが子どもたちを管理するためにあります。決まりという形で線引きし、その線を越えたかどうかで判断すれば、誰も指導に困ることがないからです。ただ、あくまでもそれは教師サイドの都合です。決まりを作って守らせたからと言って、その子の自主性が育つわけではありません。守る過程でその子自身の思考や判断力は存在せず、ただ、

「怒られるのが嫌だから、決まりを守る」

決まりによって統制しているに過ぎないでしょう。決まりの必要性があるとしたら、それは子どもたちの未来にとって不可欠だという条件が付くときだけです。学校では廊下を走ってはいけないという決まりがあっても、デパート内を走ってはいけないという決まりはありません。

「ここでは、どんな行動が求められるのだろう?」

社会に出ると、場所だけでなく状況によって臨機応変に考える習慣が不可欠になってくるのです。むやみに決まりを作るのではなく、現在の決まりが子どもたちの未来にとって有効かどうか精査することが求められています。

❶「他クラスへの出入り禁止ってどうなの？」

管理的な意味

明文化されたものもあれば、不文律として当然だと思われている場合もあるでしょうが、他クラスへの出入り禁止は多くの学校の定番となっているはずです。教室の壁を取りはらって、同時にいろいろな活動ができる開放的なスペースを中心に作られたオープンスクールでも、出入りがいけない学校もあると言うから驚きです。そこでは、壁の代わりに床にテープを貼って学級のスペースがどこまでなのか明確にしていました。

ところで、なぜ他クラスに入ってはいけないのか、以前先輩教師に聞いたところ、二つの理由を挙げていました。

「何か盗難があったとき、自分のクラスの子だけでなく、出入りしている他クラスの子も疑わなければならないでしょ。そうしたら、保護者への対応も含めて収拾がつかなくなる。出入りが自由になったら、困ったグループができるきっかけにもなりかねない。人間関係を考慮して離したり一緒にしたりしているのに、困った人間関係が進むきっかけにもなる」

子どもたちの人間関係が円滑になるように管理しようという発想です。私は二つの理由から、この考え方に疑念を持っています。

一つは、教師の管理下になければ、子どもたちは他人の物を盗むのではないかという見方をしていることです。同じような発想でいくと、校長室の前に置かれているような物、私の学校では昔の遊び道具も撤去すべきでしょう。誰かが盗む懸念があるからです。しかし、そうはしません。

「盗まれたら、どうしよう?」

なんて考えないからです。教師の私物は盗まれても良く、子ども同士で物がなくなると対処が面倒だから他クラスに入ってはいけないのでしょうか。だとしたら、廊下のフックに掛かっている給食着や体操着は、担任の責任の下ですぐに教室で一括管理すべきです。でも、そうはしません。廊下に掛かっていたり下駄箱にある物は盗まれるという想定がされず、他クラスの子が入って来ると盗まれる懸念が生じるのは、勝手な勘繰りだと思います。

もう一つは、せっかく問題性のある子が集まるグループを分けたのに、そのグループの子たちが集まることで、誰かを仲間外れにするなどの問題行動を引き起こしやすくなるという前提です。そもそも、いくらグループの子をクラスごとに均等に分けたからと言っても、教師の目が届ききらない休み時間や放課後には自然と集まるものです。だとしたら、その子たちの動向を知る意味においても、出入りを自由にして人間関係を観察できる状態にしておくべきです。担任の目の届かない場所に追いやり、視界から消したとしても、何の解決にもなりません。

このように、他クラスへの出入り禁止は、自分のクラスだけを見える範囲で管理したいという、多くの教師の願いに沿った形で残っているのです。以前、私のクラスには他クラスの子どもが出入りしても良いという学級の決まりを勝手に作りました。児童指導の約束にも、児童会の確認事項にもなかったからです。すぐに難色を示したのは、隣のクラスの担任でした。

「先生のクラスだけ勝手なことをされたら困ります」

困惑した表情を浮かべる彼女の様子から、そんなことは確認する必要のない学校の普遍的な定番だというメッセージが感じ取れました。

依然として残る学級至上主義

多くの教師が口をそろえて言います。

「みんなと良いクラスを作りたい」

真っ向から否定するものではありませんが、こういう伝え方の方が良いと思います。

「良いクラスよりも、良い一人ひとりを作りたい。良いクラスになったとしても、その組織が未来までずっと続くわけではない。しかし、良い自分になれば、生きている限りずっと付いて回る。それに、自分の意志で作れるのは、結局は自分自身だけなんだ」

子どもの人生が未来まで続いている現実を考えると、間違った教えではないでしょう。良い一人ひとりになれば、結果的にイジメのない和気あいあいとしたクラスになるはずです。クラスの雰囲気とは、より良い個人の集合体によってできるものなのです。

それでは、なぜ多くの教師が良いクラス作りに固執するのでしょうか。雰囲気の良いクラスになっていると、授業を進める上でも保護者を含めた外聞的にも都合が良いからです。結果的に良い雰囲気になっているのであれば問題ありませんが、

「良いクラスにするため、みんな遊びを週に一回行うようにして、そのための係も作りましょう。授業中に誰かが発言したら、必ず大きく頷き、特に素晴らしい意見には〝スッゴイ〟という反応もつけると良いでしょう」

良い姿とはこういうものだと規定していたら、それは担任の都合に他なりません。実際、そうした指導をされているクラスの子どもたちを見ていると、みんなが同じような動きと表情を見せることが多いです。しかし、特定の集団でだけ通じる形式を身に付けても、環境が変わればまた変えなければならず学びとしての意味がありません。目の前の担任、現在の構成メンバーでしか通用しない学級至上主義と言われても仕方ないでしょう。

学級至上主義の下では、決まりも全て担任の都合に合わせられていきます。子どもたちにとって何が必要かではなく、クラスを統制していく上で都合が良いかどうかで判断されてしまうのです。他クラスへの出入り禁止は、そうした背景からでき上がった決まり、または暗黙の了解事項と言えるでしょう。従って、どうしても他クラスに入る必要がある場合は、

「先生。入ってもいいですか？」

担任に許可を求めることが前提となります。良しとなれば、そこで初めて入室することが可能となり、外で待つように言われたら指示通り廊下で待つしかありません。

そこまでして守りたいのが、学級という城なのです。子どもは理不尽かどうかなど考える余地もなく、大人が作った固定概念を持たされることにより、

「学校や学級の決まりは、先生たちが作るもの」

自然に依存的な考えを持つことになるでしょう。新しいクラスを持つたび、「先生。これってどうすればいいの?」いちいち不必要だと思われる確認までしてくることが多いのも、考えさせる、決めさせる経験をしてこなかった影響と言えましょう。

大人になったら、自分で考え、決断し、行動に移さなければなりません。それも、臨機応変な姿勢を伴ってです。子どもたちから生きていく上で必要な術を与えていくためには、まず学級ありきという組織論に対する定番を覆していく必要があるでしょう。そういった点からも、千代田区立麹町中学校の固定担任制の廃止は意味のある取り組みだと思っています。

友だち百人どうやって作る?

児童会が主催する〝一年生を迎える会〟で一年生がこんな歌を歌っていました。

『一年生になったら　一年生になったら　ともだち百人できるかな?』

童謡〝一年生になったら〟の歌詞の一部です。さて、この歌詞について高学年のある子がこんなことを言っていました。

「クラスに三十人くらいしかいないのに、百人できるわけないじゃん」

そのときの一年生は三クラスしかなかったので、学年の子ども全員と友だちになっても九十人程度です。ただ、他学年のお兄さん、お姉さんと友だちになることができたら、悠々百人を超すことが可能になってきます。

しかし、他クラスへの出入りが禁止では、同じクラスの三十人が限界です。同学年の間では自由に教室に出入りできるという決まりに変えても、物理的に六十人が上限です。学年を超えた接点が必要でしょう。

「ウチの学校はそのために縦割り行事を準備しています」

異学年交流が進むように、一年生から六年生までの交流をねらった取り組みをしている学校も多くあります。ただ、それも形骸化している向きもあります。国立教育政策研究所の報告では、『教師主導で行われた学級内や同学年での取組では、期待されていたような効果は現れなかった』と単に異学年交流するだけでは意味がないと指摘しています。教師という大人の都合で、

「ウチの学校は縦割り交流を実施した」

実績作りをしても、子どもには通用しないのです。

子どもはお膳立てされていたり、大人に管理されたりする環境では、のびのびと遊ぶことはできません。

「先生はどう思っているんだろう？」

ついつい顔色を窺ってしまうのです。子ども同士で発生する友だち関係は、無意図的に場所も時間も選ばず始まるのです。隣のクラスの友だちと話したいのに、廊下に呼ばなければ実現しないようでは、やがて面倒になってしまうでしょう。

「クラスの切れ目が、縁の切れ目」

ある高学年の女の子が言っていた言葉です。担任がクラスを盛り上げるのに躍起になっている以

上、面倒な手続きを踏んでまで友だちでいるのは極めて面倒なことなのです。

子どもを不幸にするこんな決まりなど、即刻廃止にすべきです。全校児童、誰でも好きな教室に入れるように決まりを変えたら、自然と異学年交流は進むでしょう。かつての仲間集団の特徴は遊びを目的にしたものであったと、同報告書では続けて指摘しています。

『子供たちは、何か特別な目的があって集まったのではなく、遊びたいから、遊ぶのが楽しいからといった単純な目的で、集団を形成していました。「活動自体が楽しみ」であり、誰かに命令された「仕事ではなかった」点が重要です』

お膳立てしすぎると、自由なはずの遊びや交流も、期待に応えるための仕事になってしまいます。

我々教師に必要なのは、子どもたちが遊びたい相手と自然にいられるように、環境作りをすることなのです。だいたい、教師や学校が作った決まりが子どもを幸せにするはずがありません。子どもを幸せにするのは、子ども自身が作った決まりの中に身を置くことなのです。

決まりがないとダメなのか?

学校には、一般常識からすると摩訶不思議な決まりがたくさんあるようです。

『家から電柱3本以上の外出はすべて制服とする』

2010年に刊行された『ヘンな校則』に乗っている決まりの一つです。まさかこのご時世、何の根拠もないトンチンカンな決まりを擁護する学校はないと思いきや、平然と社会の実態から遊離した決まりが残っているのもまた事実です。

例えば、私が赴任したいくつかの小学校では、

「休み時間にはボールを蹴らない」

という決まりがありました。狭い校庭でボールを蹴り、誰かの頭に当たったら大変だというのです。一見すると真っ当なことを言っているようですが、子どもたちの判断力を奪う不要な決まりだと感じています。

「今日は校庭がいっぱいだから、思い切り蹴るのは止めよう」

「小さな子がいない方で蹴るようにしよう」

子どもたちはその場の状況を見て、臨機応変に対処すべきです。そんな機会を奪ってしまうのは、社会に出るためのトレーニングを回避するようなものです。中には、

「では、先生は小さな子がケガをしても良いと言うのですか？」

質問を受けたこともあります。もちろん、ケガをしないに越したことはありません。ただ、小さな子にも、こうするとケガをするな、どの程度のケガなら保健室に行き、どの程度なら行かなくても良いのか、を学んで欲しいのです。

名札を胸に付ける決まりがある小学校も未だに多いようですが、これにも違和感を持っています。今までいくつもの学校で名札の着用を止めるように言ってきました。洋服に穴が開いたり、名札を付けるために無用な時間を取ったり、胸の近くに安全ピンがあるのは危険だと感じたりしたからです。決まりになっている理由を聞くと、

「何か事故に遭ったとき、その子が誰なのか確認できないから」

校内で倒れた場合を想定してというものでした。校内で倒れていたら、周りの友だちがその子の名前を知っていますし、上履きにも名前が書かれています。いくらでも確認のしようがあるのです。しかし、着用を止めようという決定には至りませんでした。反対に、名札があることによるリスクは思い当たらないと言うのです。

私がここで改めて問いたいのは、決まりがないと学校生活はダメなのかということです。決まりだから守らせる、決まりだから守るという姿勢では、突発的に発生する事態に対処することは難しいでしょう。大切なのは、子どもたちに決まりを守らせることではありません。現在だけでなく、未来においても幸せな生活を送ることができるようにするため、どのように工夫すれば安全で快適な人生になるのか自分の力で答えを導き出せるようにすることです。そのためには、

「今までの定番だから……」

といった理由で、考えもせず、ずっと続いている決まりを守るような指導をしていくようでは、時代から取り残されてしまいます。子どもたちには、それぞれの局面でどうすれば良いのか、判断を下さなければならない場面を意図的に残しておくことも大切なのです。

「決まりがないとどうなる?」

という疑問には、ときには決まりがない方が子どもは伸びると言いたいと思います。

❷「理由を説明できない決まりは廃止」

校則は上履きを履くことだけ

私事ですが、次男の中学校の決まりを見て驚いたのを覚えています。学校生活の確認事項を読んだのですが、統一された約束は、

『校舎内では上履きを履くこと』

この一点しかなかったからです。第一回目の懇談会に出ることは叶いませんでしたが、生徒指導担当からこんな説明があったようです。

「本校には、理由を説明できない決まりはありません。そういった意味では、日本一決まりの少ない学校だと言えるでしょう」

他校の決まりは、明確な理由もないのに漫然と過去の踏襲をしているだけだというメッセージを送っているかのような印象を受けました。たった一つ決まりを残した理由についても、こう言っていたそうです。

「校舎内では上履きを履いてもらわないと、掃除が大変になってしまいます。校舎内の環境も、外履きで生活できるようにはなっていません。そこで、上履きを履くという点に関してだけは、子どもたちに必要性を伝えています」

言われてみればその通りですが、もっと多くの決まりの中で過ごしてきた私にとっては、目から鱗が落ちるような思いでした。

同時に学校側の大胆な姿勢に感嘆しました。ただ、学校としては大胆な方針だとは思っていなかったようです。何が子どもたちにとって大切なのか考えた結果、決まりは少なければ少ないほど良いということになったようです。

お菓子もゲームもOK

とは言っても、明確な決まりにはなってはいなくても、いわゆる不文律という形で子どもの行動を規定している学校はいくつもあります。おそらく、多少の〝裏校則〟のようなものはあるだろうと思っていたのですが、それがいくら確認しても見当たらないのです。本当に上履きを履くという規定しかないのかと狐につままれたような気持ちになっていたところ、次男のカバンの中に怖ろしいものを見つけました。何と、教科書と一緒にゲームとお菓子を入れていたのです。

「おっ、お前。学校にそんな物を持って行ったらヤバいぞ」

慌てて注意すると、彼は平然として答えました。

「ウチの学校は、お菓子もゲームもいいんだよ。ジュースだって、マンガだって良いことになってる。授業に困った影響が出なければ、全て問題ないということになってる」

「嘘だろう？」

困惑する私にさらに続けました。

「上履き以外の決まりについては、全て生徒会に任されているんだ。生徒会の決定で、カバンの中に入っている物は全て良しとなってる。ちなみに、今日の休み時間は、友だちとお菓子を食べながらゲームをやるんだ」

呆気に取られている私を尻目に、颯爽と出かけていきました。

我々教師の考えだと〝お菓子の過剰摂取やゲームのやり過ぎ＝悪いこと〟というイメージがあります。学校にマンガの持ち込みなど、没収以外の何ものでもありません。外国のドラマを見ていると、ジュースを飲みながら授業を受けているシーンを目にすることがありますが、

「どうして、マナーに反することを許可するのだろう？」

自分たちとは無関係なこととして見ていました。それが現実のものとして、日本の学校でも行われていたのです。

しばらく様子を見ていましたが、学校から呼び出しを受ける様子はありません。カバンの中には相変わらずお菓子とゲームが入っています。元々低い成績ですがそれ以上に下がるという様子もありませんでした。

「ある程度の決まりは必要ではないか……」

子どもの生活を全く管理しないことへの不安がありましたが、決まりがなくても特に問題はないと、今までの認識を改めるようになりました。ただ、だからと言って放任ではダメです。あくまでも学校生活なので、子どもに自由を与えるためには、責任を持たせることが不可欠なはずです。よくよく聞いてみると、この学校には子どもたちが野放図にならない仕掛けがあったのです。

子どもの力で学校生活を管理

人間は楽で快適な方に行きやすく、過度な自由はいずれ学校生活の破綻につながるのではないかと危惧していました。

「授業中、お菓子を食べる子がいたり、教科書を開かずマンガを読む子が出てきたりしたら、収拾がつかなくなるのではないだろうか?」

しかし、そんな心配も杞憂でした。学校としてちゃんと手を打っていたのです。

そもそも、マンガを持ってきても良いとなったのは、子どもたちが生徒会で話し合って出した結論だったのです。付帯条件として、授業中にマンガを三回読んでしまったら、クラス全員がマンガを持参してはいけない指定を受けるのです。読んでいいのは休み時間だけで、授業に支障が出なければ良しとする確認もしていたそうです。もし、ある特定の子が授業中に二回読んでしまったら、

「あと一回やったら、クラス全員が禁止になる」

みんなからの大バッシングを受けることになるそうです。

ジュースの銘柄も何でも良いことになっていました。一般的に学校が許可すると、せいぜいお茶類という指定になりそうなものですが、コーヒーでも炭酸飲料でも何でも良いのです。ジュースに関する決まりは、ただ一つ。

『授業中は飲まない』

これさえ守れれば問題ないという決まりなのです。次男曰く、

「上履きを履いてさえいれば、何を持ってきても特に注意を受けることはなかった」

今でも懐かしそうに回想しています。

よく自治という言葉が聞かれます。学級自治、学校自治など、学校生活を自分や自分たちに関することを自らの責任において処理することをねらいとしています。ただ、自治を進めるためには、決定権を子どもに渡さなければなりません。基本的なところは全て教師が決め、その中で自治を推進するように言っても、子どもたちは教師の顔色を窺い、余計なことはしないように注意するにすぎないでしょう。

「学校は、失敗するところだ」

よく聞かれるフレーズですが、学校は案外子どもが失敗しないように〝転ばぬ先の杖〟を準備しています。

「マンガやゲームを持ってきたら大変！」

ではなく、その中でどのようなルールを作り、どのように守っていくのか考え実践していくことの方が、はるかに生きた学びと言えるでしょう。当然、自由度が広がれば対処しなければならない課題は増え、話し合いの時間も飛躍的に長くなります。ただ、担任の先生が言っていたそうです。

「子どもたちは民主主義の国家に生きています。民主主義の基本は、話し合いによる解決です。いろいろな考え方や価値観を持った人間が集まって話し合うことは、元々時間がかかる活動なのです。でも、その話し合いを怠ったら、民主主義とは言えないでしょう。課題が出てくると、話し合って解決する。子どもたちはいずれ社会に出ることを考えると、学校生活はその繰り返しがあって当然なのではないでしょうか」

同じ職業に就く私としては、ハッとする言葉でした。

教師の都合を排除する

不必要な決まりがないということは、その都度判断しなければならなくなる局面が出てくることを意味します。そのため、子どもが臨機応変に対処する力は圧倒的に増すでしょう。出てきた問題は教師のものではなく、子どもたちのものだからです。

「先生が何とかしてくれるだろう」

ではなく、自分たちが解決しなければならないという気持ちになるのです。

学校によっては、今でも細かな決まりがあるところが多いです。

『登校したら、忘れ物を取りには帰りません。放課後も忘れ物を取りに来てはいけません』

その程度ならまだ分かりますが、

『特別教室は、ならんでいきましょう』

『手袋やマフラーは登下校時だけ身に付けるようにしましょう』

『遠足、行事のとき以外はランドセルで登校しましょう』

一見すると見過ごしてしまいそうですが、摩訶不思議なものもあります。

まず、特別教室に移動するのに、なぜ全員がそろって行かなければならないのでしょうか。答えは、まとまって移動すれば整列係などが全体を指導し、廊下を走ったり騒いだりして迷惑をかけることがないという発想です。しかし、リスクもあります。一人でも遅れた子がいたら、その子を待っていなければなりません。特別教室の移動は主に休み時間でしょうから、別に騒々しくなっても問題はないと思うのですが、きちんとした形で移動することを目的と考えているのでしょう。

手袋とマフラーについても、登下校のみ着用というのは、いささか厳しすぎるように感じます。例えば、雪が降って外で雪合戦する際も、基本的には認められていないようです。特別な事情があってどうしても着用したい場合だけ、

「先生。手袋をしてもいいですか?」

許可を取ってからということになります。学校によっては授業中のネックウォーマーが認められていないところもあり、寒がりの子には厳しい環境とも言えましょう。

遠足や行事のとき以外はランドセルで登校を規定するということは、遠足にはランドセルで行かないということも意味しています。ただ、私が担任した子の中にランドセルに尋常でない愛着を持っている子がいて、遠足でもランドセルの中に弁当を入れて持ってきていました。

反対に、普段からリュックで登校することは認められないとも読み取れます。ランドセルは高価なものです。それを学校側が規定することは、いささか乱暴にも感じられるのです。ランドセルがなければ登校できないという物理的な条件があるのなら別ですが、中学校になると指定のリュックが登場するところもあるというから、やはり不思議な決まりに思えます。

なぜここまで決まりを設けているかと言うと、学校が子どもを管理しやすいからです。

「決まりになっているでしょ」

と言えば、教師が判断の矢面に立つことはありません。言うことを聞かない子がいたとしても、斉一に指導することができます。指導内容に関しても、

「学校としての方針なので……」

教師という個が判断する必要がなくなるのです。学校側としても、

「例年こういうことでやっていますので……」

判断の根拠を示す必要がなく、責任をはじめに策定した見ず知らずの先人たちに押し付けることができます。誰も責任を負わなくても良いという構図です。

それは、子どもたちに考えさせない、判断させない、失敗させない、話し合いをさせない結果となってしまっているのです。もし決まりがなければ、また少なければ、瞬間的に判断しなければならない事態は確実に増え、臨機応変に動かざるを得なくなります。そうした機会を奪っているのは、間違いなく学校や教師の都合です。大人の効率的な都合に当てはめて、子どもが成長するはずがありません。教育を進めることは、手間がかかり面倒なものなのです。学校のルーティンを見直す意味は、そこにあるのです。

第5章

修学旅行を変えてみる

――臨機応変に対応できる子どもを育てる――

修学旅行を行う目的は、学校や家庭だけでは体験できない学びを提供することにあるはずです。しかし、現状を見ると、定番だから行く、方面や活動も例年に倣うというのが一般的な取り組みのように感じられます。

ベネッセの調査によると、修学旅行の目的は、社会科見学、歴史の勉強、平和学習という回答がほとんどを占めていました。方面については、関東にある小学校では、日光東照宮、東京ディズニーリゾート、東京スカイツリー、国会議事堂、鶴岡八幡宮、新江ノ島水族館などが上位を占めていました。関西の小学校では、金閣寺、銀閣寺、清水寺、東大寺、法隆寺、ユニバーサルスタジオジャパン、海遊館などが上位でした。

危険なのは、日光東照宮や金閣寺に行くのが修学旅行だと安易に思ってしまうことです。〝歴史に触れること＝修学旅行〟ではありません。どのような経緯でそこに行くことになったのか、どのように触れる計画なのか、明確である必要があります。

「私はこのために修学旅行に行く」

子ども一人ひとりが課題を持つ必要があるでしょう。そのためには、従来の定番意識を取り払わなければなりません。

❶「現行の修学旅行は廃止する」

日本初の修学旅行とは？

修学旅行の定番を見直すためには、そもそもどのようにしてスタートしたのか、その歴史を紐解いていく必要があります。前例のなかった第一回目にこそ、実施に踏み切った根拠が隠れている可能性があるからです。

修学旅行の起源は、明治19年、東京師範学校（現在の筑波大学）が実施した、千葉県銚子方面への長途遠足だと言われてれいます。同校の記録に、

『明治19年2月、はじめて行軍旅行を実施す。（中略）兵式らよる行軍に於ても、学術研究を目的とする旅行を兼ねしむるを以て適当と認め、適宜日数を決め、語学科の教員、之を引率することとし、此の日はじめて千葉県銚子港方面に之を試みた。今日広く行はるる修学旅行の嚆矢である』

とあるように、兵式操練と学術研究を兼ねた旅行であったようです。

小学校の修学旅行の起源は明治20年代から30年代から、ポツポツと見られるようになります。明治35年、東京都福生市立第一小学校の記録を見ると、東京の西郊から徒歩で南下して、神奈川県を縦断し、江の島、鎌倉、横須賀等を見物し、帰路は鉄道を利用して5泊6日で出かけたことが分かります。

『4月3日（晴）拝島の渡船を渡り八沢峠を越え…神奈川の相原に出て…原町田を過ぎ…鶴間という一寸した宿場につきました』

『4月4日（晴）船頭さんが吾等の一行を呼び止めて江の島行きをすすめるので、先生が賃銭などをかけ合い一行はその舟に乗り込み…先生は立派な旅館へは目もくれず海岸ぞいの桟橋ぎわの江戸屋という小さな旅館にはいられました』

『4月5日（晴）鎌倉で先ず大仏様を見学して長谷寺に参詣しました。…その晩一行は雑談の折、二、三の者から宿屋の選定をもう少し良い所にしてほしいという説が出ました』

『4月6日（晴）先生が吾等に今日の宿舎の事は君等に任すからよろしくやってくれといわれ、高崎君と私に命令されました。止むを得ず二人は野嶋館の玄関を訪れました。…先生に拝命いたし当日は野嶋館に投宿いたしました』

などといった記述から、のどかな修学旅行だったことが伝わります。この頃は、家族で自由に旅行に行くこととは無縁な時代でしょうし、旅行そのものに意味があったように感じられます。現地で子どもたちが旅館と折衝するなんて、何とたくましいのでしょうか。

日本の修学旅行の起源は、まさに学校や家庭では経験できないことをすることに主眼が置かれていたようです。ただ、注目すべきは、教師だけではなく子どもも中心になって動いていることです。もう少し良い宿にしたいから子どもに交渉を任せるなど、臨機応変に対応させる様子に至っては微笑ましい限りです。また、ほとんどノープランで出かけていることも、大きな驚きです。現在のツアーという感覚ではなく、まさに〝旅〟だったのでしょう。

教師が連れていくことの無意味さ

現在の修学旅行は、社会科見学、歴史の勉強などの要素を盛り込みながらも、レジャーとしての側面が大きくなってきています。大型観光バスを貸し切り、宿泊先も昔では考えられないような豪華なところです。ツアーの合間に学習の要素を入れていくといった、総合的に楽しめる形が主流になっていると言えるでしょう。

ただ、私が現行の修学旅行の形に疑問を呈するのは、そうしたレジャー感覚を否定的にとらえているからではありません。現行の実態が、教師が連れていく修学旅行になっているからです。

都内に出かけると、修学旅行で来たらしい小中学生の団体に遭遇することがありますが、どの学校も一様に教師が先頭に立ち、子どもたちはその後に続いているという形式です。人混みの中ではぐれてはいけないので、致し方ない形態かも知れませんが、それにしても子どもたちは何の意志もなくついていっているように見えます。

「先生、まだ?」

「あともう少しだ」

こんな会話をしながら進んでいくことから分かるように、子どもたちは修学旅行に主体的に関わることは少ないのです。大切なのは、教師が連れていくという形ではなく、思い切って反対にして教師を連れていくくらいの発想です。

今や、修学旅行は定番として存在するノルマをこなすだけの行事になりつつあります。現状を打

破するためには、

「教師が先頭に立って歩く行事なんて、全く意味がない」

教師が共通の認識を持つことです。修学旅行の目的が、

「先生の後について行って、はぐれないこと」

のようでは、突然起きる事態に対応できる人間になれるはずがありません。

楽しさだけなら遊園地へ

それでも、時代が変わったのだから、もっと楽しさを前面に出しても良いという考え方もあるでしょう。大きなねらいを持った教育活動の一環として行くのではなく、単なるレジャーだと割り切るという考え方です。例えば、東京ディズニーリゾートやユニバーサル・スタジオ・ジャパンであれば、入り口まで教師が先頭に立って引率し、入場してからは子どもたちだけで行動させれば良いのです。入場口に着くまでは大変でしょうが、その後の満ち足りた時間を予想したら、それも我慢できることでしょう。楽しさだけを追求するのであれば、遊園地に行くという選択肢も十分考えられるはずです。

ただ、修学旅行の費用は数万円もかかり、バッグや着替えの準備、お小遣いの持参などを加えたら、さらに出費額が増えます。

「子どもが楽しければいい」

その一点ですませるのは難しいという考え方もあります。さらに、遊園地に出かけるのは日常の

学習活動では無理でも、家族という単位ではさほど難しい行き先ではありません。家庭でできることをわざわざ学校が肩代わりするのは、本来の目的とは言えないはずです。

そこに新たな付加価値が加わるのであれば再考する余地はありますが、明治35年に福生市立第一小学校の子どもたちが自ら旅館を探し出すといった不確定要素は皆無と言って良いでしょう。

「楽しさだけなら、遊園地へ」

と言いましたが、そうなるともはや修学旅行とは言えません。むしろ、〝卒業旅行〟と呼んだ方が妥当です。

楽しい夜のおしゃべり

修学旅行から戻ってきて感想文を書いたり、卒業文集をチェックしたりしていると、最も楽しかった思い出として〝夜のおしゃべり〟を挙げている子が多くいます。消灯時間を過ぎて友だちと語り明かすのは、確かに楽しい記憶として残るでしょう。子どもたちが遅くまでしゃべり、巡回している教師が部屋を回って注意するのも、ある種修学旅行の定番と言えましょう。おそらく、近年になってもずっと続けられている姿でしょう。

ところで、保護者は場合によっては積立までして高い参加費を払っているのに、成果が夜のおしゃべりと聞いて納得するでしょうか。仲の良い友だちと存分に話したいのであれば、わざわざ遠方までバスや電車で行かなくても、学校に寝泊まりすればすむことです。学校を宿舎とするのであれば、せいぜい食費がかかる程度で、家計を圧迫させるほどの出費はありません。そうして考えると、修学旅行の意味を根本から考え直さなければなりません。

修学旅行実施に当たり、そんなことがないようにいろいろ目標を考えます。ただ、

『自分たちの知らない歴史や文化に触れて、見聞を広めよう』

といった類の目標なら分かりますが、

『みんなの力で一生の思い出となる修学旅行にしよう』

こんなスローガンになってしまうと、

「夜のおしゃべりや枕投げが思い出に残ったから、大成功だった」

もありになってしまいます。授業時数がなかなか捻出できず、どの学校も時間のやり繰りに四苦八苦しているのが現状のはずです。単なる思い出作りのために、貴重な三日間を使うのはもったいないとしか言いようがありません。

修学旅行の準備や実施を通して意識するのは、課題解決に向けて対処する力の獲得でなければなりません。それも、通常の学校生活ではなかなか体験できないことが盛り込まれていなければならないはずです。そもそも、夜のおしゃべりが楽しかったなどという悠長なことを言っている場合ではないのです。

ここで付け加えておきますが、修学旅行そのものに意味がないと言っているのではありません。遠足も含めて、楽しさや思い出作りのために意味のない時間を過ごすのはもったいないと感じているのです。

❷「新しい形の修学旅行を模索する」

行程は全て子どもの手による決定

今から十五年前のことになります。私はレクリエーション的な楽しさを前面に出し過ぎる修学旅行の形に疑問を持ち、学年職員に提案しました。

「今までは教師が子どもを連れていく修学旅行が、いわゆる定番じゃないですか。そうではなく、事前でも当日でも子どもが一番詳しい、子どもの手で全てを運営するものにしたいんです。子どもの主体性を大切にすると言いながら、なんだかんだ言って教師が全て決めてしまうものも見てきました。今回は、安全に関する問題が予想されること以外、全て子どもの決定した行程や決まりでやっていきたいんです。どうですか？」

大反対を予想していましたが、先輩教師が面白そうだと言いながら賛同してくれたのは、今でも幸運だったと思っています。このようにして、日光という方面、旅館、交通手段はバスということ以外、全て子どもたちが決定する取り組みが始まったのです。

まず、実行委員会で三日間の概要を決めました。一日目は東照宮と華厳の滝を学年全員で見学、二日目は学級別行動、三日目は学年全員でハイキングという原案を立て、百名の児童が集まる学年総会に提案したのです。総会は、異様な盛り上がりとなりました。何しろ、自分の意見で行程が変わる可能性があるのです。原案に対する賛否両論が入り乱れ、挙手する子を全員指名するのに一時間では終わらなかったほどです。結果としては、原案を基本にするということで決着がつきましたが、ある実行委員の女の子が言っていた言葉が印象的でした。

「先生。自由って大変なんだね。最初は自由だから好きなことをできると思っていたけど、とんでもない。自由って、責任が付いて回るんだね」

二日目の学級別行動。方面はクラスに任されているので、実行委員が原案を出した後、学級会で決定することになりました。

・小田代ヶ原のハイキング、光徳牧場の散策
・尾瀬のハイキング
・足尾銅山の見学、日光彫りの体験
・霧降高原ハイキング、大笹牧場の散策

この四つの中から一か所を決定します。

「足尾銅山の見学は、歴史の学習と大きく関係していて良いと思います」

「日光彫りは日光の伝統工芸で、専門の人に教わるのはここでしかできません」

活発な話し合いの下、日光でしか見られない自然に触れようという目的で、霧降高原と大笹牧場に向かうことに決定したのです。もちろん、安全面での確認をしなければならないので、第一から第四までの候補順を確認し、実地踏査で全箇所下見をして来ました。本来の下見は、当日訪れる場所を決めておいて、実際に確認するために行くのが主流でしょうが、子どもたちの立てたプランの

妥当性を確かめるために出かけたのは初めての経験でした。

そうしたことも全て子どもたちには伝えてあったので、

「本当に私たちが全部決めるんだ」

準備が進めば進むほど、より緊張感が増していくといった取り組みになっていました。

業者との確認も子ども任せ

全て子どもに任せると言っておきながら、実は下準備は教師が念入りに進めていると知ったら、

「やっぱり、先生がやってくれるから安心だ」

緊張感がなくなってしまいます。そこで、旅行代理店職員との確認も子どもに任せることにしました。ただ、いくら子ども中心だとは言え、自分勝手な確認をしてしまったら、訂正や修正をしなければならなくなります。

「何回か子どもと確認しますが、その際は必ず学校と事前打ち合わせをします。あらかじめ、落としどころを決めておきましょう」

業者に取り組みの趣旨を伝え、認める部分、認められない部分の概要を確認してから、来校するようにしておきました。

確認した事項は二つ。まず一日目と三日目の学年行動の時間配分等が適切かどうか、妥当性について吟味してもらうことです。もう一つは、二日目の学級別行動の計画が可能なのかどうか、プロの目から見てもらうことでした。

まず一回目は、学年行動の可否について見てもらいました。

「バスで到着した日に、東照宮と華厳の滝、両方を見るのはできますか？」

「集合写真を順番待ちして撮るとか、例えば家光を祀った大猷院など見学場所を広げなければ、二か所の見学は十分に可能です」

「順番を待たずに、集合写真を撮れる場所はあるんですか？」

「華厳の滝が良いでしょう。一クラスずつどんどん撮影し、その間他のクラスは滝を見学していれば良いのです。学年全員は無理ですが、クラスごとなら問題ありません」

「じゃあ、華厳の滝でクラスの集合写真を撮るようにしましょう」

三日目の学年行動については、ハイキング時の昼食場所を確認し、どの程度の休憩時間が必要になるのか、アドバイスをもらっていました。

二日目の学級別行動については、各クラスに業者がやって来て、そこで全員で確認するという方法を取りました。

「霧降高原は旅館からやや遠いですが、バス料金が余計にかかってしまいますか？」

「いいえ。貸し切りですので、高速道路を使わない限り、料金は増えることはありません」

「リフトを使わないと歩きで行くようになりますが、六年生で登れる高さですか？」

「山というより高原なので、歩いて登ること自体は問題ありません。ただ、その後大笹牧場に行ってバーベキューをしたり、その後旅館に戻ったりするのに多少時間がかかるので、リフトを使った方が良いとは思います」

「バーベキューハウスでの予約は頼めますか？」

「私どもが手配しても構いませんし、みなさんから電話されても構いません。事前に私どもから先方に電話を入れておきますので、みなさんが予約をされたらどうでしょう？」

「分かりました。僕たちから電話をします」

このような調子で20分程度打ち合わせが繰り広げられました。実はバーベキューハウスの予約は、子どもたちに促すようにして欲しいと、事前に頼んであったのです。私から言うより、プロから直接言われることで、気が引き締まっていく様子が見られたことも良かったです。

業者と打ち合わせをすると、子どもたちはその場で判断しなければならないことだらけでした。大きな問題については、瞬間的に学級会を開き、短時間で決定させると目の前の業者に伝えます。大人になっていくということは、短時間で判断しなければならない環境に身を置くことだと、身を以て感じる経験となったようです。

レストランとの折衝

三日目には日光で昼食を取ってから、バスで帰路につく必要があります。ここを外したら、バスを停車させて食事をする適当な場所がありません。ここは例外的に業者に選定を頼むしかないと思っていたところ、子どもたちから反論が出ました。

「僕たちが作る修学旅行なので、難しくても僕たちに任せてください」

子どもが確保できなかった場合は、急遽食事場所の手配を頼むかもしれない旨をそっと伝え、百人が入る規模のレストランを探すことになったのです。

この作業は時間がかかりました。ガイドブックを使って調べても、この人数を収容できる規模の店がなかなか見つからないのです。

「百人全員が入れなくてもいいから、一クラス三十人が入れる規模で、なおかつ三か所が近くにそろっているという場所でもいいよ」

アドバイスすると、子どもたちはそこまで広げて考えましたが、それでも見つかりません。

「先生。ここは?」

確かに百人が一度に入れる、明治初期創業で老舗中の老舗です。大人の私は尻込みしてしまいそうな場所ですが、子どもたちにはそんなのお構いなしです。早速電話をして事情を説明すると、料理長が出られて可能だという返事でした。その旨を子どもたちに伝えました。

ただ、一つ問題がありました。料理をまとめて提供できるようにするためには、全員カレーライスにして欲しいと言うのです。電話を切った後、臨時で学年全員を集めると、担当の子がそれで良いかどうか聞きました。大部分はそれで良いという結論になったのですが、何人かは反対の立場でした。

「カレーはちょっと苦手なので……」

みんなで納得する形を取ろうという確認で始めたので、これでは決定することはできません。仕方なく丁重に断りの連絡を入れ、再度レストラン探しを始めたのです。

次に子どもが見つけてきたのは、結婚式場を持った巨大な施設です。

「先生。ここなら広いから大丈夫。ここは先生も座れるし……」

子どもが指差しているのは、新郎新婦が座るひな壇です。門前払いをされる可能性が大でしたが、断られるのも大事な学習の一つだと思い、一応電話をさせました。相手は事情が分からないので、最初こそ私が出ますが、そこからは子どもたちの力です。

「はい。はい。えっ？　もう一度言ってください。えっ、三種類ですか？　はい……」

こんな調子で予想外の長電話になります。子どもの受け答えを聞いていただけでは事情が全く呑み込めなかったので、私を含めた学年職員の前で説明させました。

「だから、相手はOKだって言ってました。料理については、一人ひとり全員違うというのでは同時に出すことができないので、三種類の中から一人一つ選んで欲しいというのです。中華、和食、洋食と分かれていて、セットで千円って言ってました。事前に何が何個という数をファックスで送ってもらえれば、対応できるようにしておくみたいです。正式に決まったら、先生からも電話が欲しいということでした」

やはり、緊急に学年全員を集めて協議すると、全員一致でここにしようということになりました。破格の値段だったことも決め手になりました。

当日、私たちが通されたのは、本当に披露宴会場でした。〝いただきます〟の号令をする子の前には、スタンドとマイクが準備されています。照れくさそうに、しかし妙に胸を張っているその子を見ていると、得難い経験ができて良かったとつくづく感じました。

教師を連れていく修学旅行

朝の集いを旅館前の足湯でやりたいという希望が、子どもから出てきました。担当の子が旅館に電話して確認すると、早朝はまだ他の宿泊客が寝ているから無理だという回答でした。足湯場は近隣旅館全てのものなので、勝手に許可できないと言うのです。朝の集いをなしにするという意見も出されましたが、やはり朝はみんなで集まるべきだという意見が大勢を占めています。やはり、足湯での集いを実現させたいという思いに変わりありませんでした。そこで、担当の子がもう一度電話することになったのです。

「足湯で騒々しくなり、他の宿泊客さんに迷惑をかけることが心配だと思いますが、私たちは絶対に騒がないように約束します。学年のみんなにも責任を持って伝え、当日も担当がきちんと管理します。朝の集いのプログラム内容も、大きな声で挨拶したり歌を歌ったりするものは入れません。何とか許可していただけませんか？」

自分の旅館の施設ではないから組合員と相談してから決めるということでしたが、しばらくして学校に電話があり、提示した条件をきちんと守れば許可するということになったのです。当日、朝から足湯に浸かる子どもたちは蚊が囁くように挨拶し、靴を脱ぐ際にも寸分の音も立てまいといった様子でした。自分たちで決めた決まりは、自分たちで守り抜こうという雰囲気が、学年全体に浸透していたのでした。

夜、大浴場の様子を見に行ったときにも、嬉しいことがありました。子どもたちに全てを任せるとは言っても、入浴のマナーや忘れ物のことが気になり、男子の確認に出かけたのです。入口ではお風呂係の子が立ったまま、入浴の仕方を指導したり忘れ物をしないように呼びかけたりしています。私に気がつくとこう言いました。

「先生。ここは僕一人で大丈夫です。みんな問題なく、きちんとお風呂に入っています。お風呂係は僕の仕事なので、先生は戻ってくれて平気です」

カッコつけるわけでなく、自然にそう言える子どもに感心したのを覚えています。

修学旅行の定番はと言うと、教師が作った計画に子どもたちが従うというのが主流だと思います。ただ、お膳立てが過ぎると、子どもの依存心は強いままでしょう。対して、

「自分がこの修学旅行を創る」

自己関与の意識に変わると、〝先生に連れていってもらう〟という他力本願的な考えはなくなっていきます。準備を念入りにし、予想外の出来事が起きても何とか自分たちの力で対処しようと動くようになり、やがて課題解決力を身に付けていきます。誰も先の予想ができないこれからの世の中、未来像を正確な予想することすら無理な話なので、臨機応変に対応できる力さえ身に付けておけば、どんな事態に遭遇しても生きていけるようになるのではないでしょうか。

余波は卒業式まで続いた

数か月後の卒業式の準備でも、修学旅行の成果をまざまざと実感させられることになりました。学年で卒業式実行委員会を組織すると、子どもたちは自分たちでどんどん仕事を進めていくのです。

言葉を考え、作法は教務主任に確認し、自分たちで全て練習を取り仕切っていったのです。我々教師の出番と言ったら、歌の指揮をするくらいのことでした。

私が持っている卒業式練習のイメージは、返事や言葉の大きさの注意、卒業証書のもらい方の注意、歌の歌い方の注意、歩き方の注意など、注意に始まって注意で終わるといったようなものでした。しかし、それを子ども同士でやっているのです。子ども同士なので互いに注意の仕方も上手で、指摘された子も嫌にならないようでした。私たち担任は黙ったまま練習を見て、たまに質問に答える程度の練習時間となっていました。

そんな子どもたちが卒業してしばらく経ったとき、中学一年生になったある女の子が、学校に遊びに来てくれました。当時、修学旅行実行委員を務めていた子です。ひとしきり思い出話をして帰る間際になると、私に手紙をくれました。ぜひ六年生の子どもたちに伝えて欲しいという文面を読むと、最後にこう書かれていました。

「私たちが社会に出ると、自分のことは全て自分でやらなければならなくなります。すなわち、自立がした生活が求められるようになるのです。このとき、どうすれば良いのかと迷ってばかりいたら、時間だけが刻々と過ぎていってしまいます。そうならないようにするために、小学校のうちに自分でできることは自分でやるようにして、いずれ社会に出ていくときのための準備をすればいいのです」

新しい形での修学旅行は、その後の新しい形の卒業式になるだけでなく、中学校でリーダーシップを発揮するまでになっていました。定番を踏襲し模倣するだけでは、新たな学びは得られません。

第6章

運動会を変えてみる

――子どもの自分意識を高める――

運動会を実施する根拠として、日頃の体育的活動の発表の場としての位置付けといった声がよく聞かれます。しかし、私は常々その考えには疑問を持っています。なぜ、体育的な発表だけに関して、大々的に運動会という形を取るのかというものです。音楽なら音楽会、図工なら作品展などもありますが、家庭科作品展や英語スピーチ大会、作文コンクールや算数計算大会なるものが、ここまでの規模で行われるという事実を知りません。

日本で最初に運動会が開かれたのは、海軍幹部を育てるための学校「海軍兵学寮」と言われています。イギリスから来た先生が「(イギリスで行われている)アスレチックスポーツをしたい」と提案しました。明治7年のことです。種目は徒競走や二人三脚など、現在も続けられているようなものもありました。これが全国に運動会として広がっていったそうです。大正時代に入ると規模も大きくなり、運動会は当初「村の祭」としての性格を持つようになったようです。教師や児童の数をはるかに超える村人が集まり、大いに賑わったと言います。

体育的行事というより、地域の一大イベントとしてその地位を確立していった運動会なので、廃止するなどという判断をしたら大変なことになります。以前、例年と一週間ずらしただけで、地域の名士が怒鳴り込んでくるという騒ぎがあったほどです。ただ、それほどの定番だからこそ、できるところから見直してみるということが、変化に柔軟な学校を創造していく良い機会になると考えています。

❶「表現種目を廃止する」

そもそも表現種目の意味

運動会の種目は、他のチームと競う〝競技〟と、ダンスなどを組み込んだ〝表現〟の二つに分かれると思います。ところで、徒競走や二人三脚など競技種目の他に、なぜ表現種目を行う学校があるのでしょうか。職員会議で質問すると、こんな回答でした。

「運動会のねらいは、日頃の体育活動の発表です。体育では陸上競技だけでなく、表現の時間もあるじゃないですか。保護者に見てもらうには絶好の機会です」

「体育の発表の場だとすると、鉄棒やマットについてはどうなるんですか？」

重ねて質問すると、表現種目が続く理由が見えてきました。

「もちろん、できません。でも、表現なら見てもらうことができます。子どもたちの晴れ舞台が運動会というのは、教育的価値が高いと思います」

「鉄棒やマットは授業参観で公開することが可能です。表現も同様です。だとしたら、わざわざ運動会の種目に入れることに、無理はないのですか？」

「運動会が競技種目だけになってしまったら、見ている側も飽きてしまいます。必死に勝負する競技種目があって、六年生なら壮観な、一年生なら可愛らしい表現が加わると、バランス的にも取れていると思います」

「では、保護者を喜ばせるために、わざわざ表現を入れているのですか？」

こうしたやり取りを見ていると、今まで表現種目を入れてきた理由が、多少見えてくるようです。運動会という存在は、今までの歴史があり、地域や保護者の要望も加わり、現在のスタイルを維持してきたのでしょう。まさに、百年以上大きく形を変えずに残っている、定番中の定番と言えるでしょう。

残念なのは、存続している形が大人の事情による結果だということです。以前、保護者に表現を続けるかどうか聞いたところ、こんな意見をもらいました。

「華やかな表現がないと、体育大会みたいになってしまうと思います」

せっかく見に来るのだから、楽しいものが良いという率直な気持ちでしょう。学校側も保護者や地域のそうした意向を聞かなくても分かっているだけに、

「わざわざ反感を買ってまで取り止めることはない」

消去法的な判断となってしまうのです。問題なのは、そこに子どもが不在だということです。子どもの気持ちを知るため、児童総会を開いて意見を聞くということをしません。果たして、運動会で得られる学力とは何なのか、真剣に議論することも稀有です。大きな波風を立てないためには、取り敢えず例年通り実施すれば良いということになるのです。

一律に踏襲の全てがいけないとは言いませんが、現在の大人の都合を未来を担う子どもたちに押し付けるというのは、由々しき事態と言えましょう。表現種目を見直すという行為は、何十年も先

の子どもたちの幸せまで視野に入れたものなのです。

過剰な練習時間

普段の授業であれば、できるまで徹底的に子どもを訓練することはしません。九九が苦手な子に休み時間に教えたり、漢字テストの追試をしたりすることはあるでしょう。ただ、全員が寸分違わぬように徹底的に教え込むのは、運動会が最たる存在だと言えましょう。他の教科でここまで追い込んだりしたら、学校に行きたくないという子が続出していまいます。

では、なぜここまでするのでしょうか。私は現場の教師だから、その理由がよく分かります。そこには学校特有の事情があるのです。中途半端な表現を披露しようものなら、

「今年の高学年はひどかったわね。去年は一糸乱れぬ完成度だったのに、あれってちゃんと練習したのかしら?」

批判の的となってしまいます。批判は、学校内でも起こります。

「去年あれほど教え込んで完璧な演技を見せたのに、学年が変わった途端あんなになっちゃうなんて、一体何を指導していたんだろう?」

同僚からの陰口の対象にもなる可能性があります。

表現というのは、衆人環視の中で行われる発表会です。子どもの可愛らしさについては、上手くできても完成度が低くても変わることはありませんが、構成や振り付けを考えた教師にとっては針の筵です。表現を教えるのが苦手な教師もたくさんいます。そうした場合、一体どのようにして指

導するのでしょうか。

一つ目は、教育書を参考にするというやり方です。特に雑誌では、四月と七月に運動会関連の記事が多く掲載されます。

『運動会ダンス特集』

などと称して、表現のパターンを図解で説明しているのです。それぞれ春運動会、秋運動会の実施に合わせ、事前に特集を組んでいるというわけです。

「先生。甥の運動会を見に行ったんですけど、ウチの学校とそっくり同じ表現があってびっくりしました。それって、やり方とかを教え合ったからですか？」

同じ雑誌の同じ解説を見ているのだから当たり前だとは、とても言えませんでした。プロの作ったものなら大丈夫だろうとという信頼の下、そっくりそのまま真似たのでしょう。

二つ目は、練習時間を多く確保することです。ただでさえ教師も試行錯誤するから時間がかかるのに、子ども全員に完璧に指導するとなると、週に数時間の体育ではとても足りません。運動会用の特別時間割を組み、徹底して指導するのです。当日が迫ってくると、

「一時間だけでも校庭の端を貸してもらえませんか？」

学年相互で都合を聞きまわるのは、言わば職員室内の風物詩のようなものです。それでも、場所を確保できないと、教室や廊下で練習せざるを得ないという話を聞いたことがあります。

「運動会の練習ばかりやっていて、授業が遅れちゃう」

こんな話がされるのは、日常茶飯事です。極端なまでの過剰さは、子どものためというより、保

護者の期待に応えるためと言った方が適切でしょう。

学力論から見た表現種目

体育で表現を行うことに問題があるわけではありません。学習指導要領で〝表現〟の内容として書かれていることは、体育の時間などでしか達成できないものです。リズム感覚を養い、伝えたい内容を動作化することは、生きていく上で不可欠な要素でしょう。

例えば、五、六年生の表現運動の知識や技能について、学習指導要領解説では次のように書かれています。

『表現では、いろいろな題材からそれらの主な特徴を捉え、表したい感じをひと流れの動きで即興的に踊ったり、簡単なひとまとまりの動きにして踊ったりすること』

この〝即興的〟という言葉がミソです。なぜこの言葉が出てくるかと言うと、表現の基本が自らの解放にあるからです。時間をかけて練りに練ったり、修正に修正を加えたりするようでは、表現することと自体への興味が冷めてしまいます。踊りたい題材が目の前にあったとき、パッと踊れる姿が自然なものです。用意周到に準備し、

「さあ、踊りなさい」

教師の指示を受けて身体を動かし始めるのは、決して表現運動ではないのです。

運動会で行う表現に即興性の余地はありません。みんなの前で全員で踊っているとき、ある子が一人だけ列から外れ、即興的に踊ったとします。その子の踊りがいくら魂を解放したものであって

も、いくらまとまりをもったものであっても、奇異な目で見られることは必至です。

「多くの保護者の前であんなことをして、恥ずかしくないのか?」

担任に指導されること間違いなしです。多くの保護者が、

「あの子、ちょっとおかしいんじゃない……」

噂話の的になるでしょう。しかしながら、その子の取った行動こそ、学習指導要領でねらっている表現運動なのです。それを寄ってたかって非難するのだとしたら、運動会の表現そのものが、学習指導要領から逸脱しているということになります。

学力論から運動会の表現を見たとき、子どもたちは単に教師の指示通り動いているに過ぎず、何か特別な学びをしてはいません。それを、

「今年の表現は良かった」

保護者が喜々としているようでは、教師の構想力が高く、子どもたちは言われたことを上手に実行したことを褒めていることになります。しかし、意味のない模倣を学習とは呼びません。いつの間にか、見た目が良ければ全て良いと、曲解するようになっていたのです。

もし、表現の中で一分でも自由に踊る時間があれば話は別ですが、指導する教師にそんな勇気はありません。中には、どうして良いのか分からず、固まってしまう子どもが出るリスクがあるからです。そんなことをしたら、

「先生は衆人の中でウチの子を見世物にした」

必ず非難の的となります。現在の形は、そうしたリスクを回避する方法で残ってきた、負の慣習

とも言うべきものなのです。

もちろん全ての種目を見直す

表現をなくすという問題提起をしましたが、もちろん全ての種目を見直すべきです。運動会の種目を見直すと、保護者や地域の人に理由を説明しなければなりません。戦略的な発信をすることは、学校の姿勢を理解してもらう上でも有効なのです。

全ての種目を見直すことは、今まで当たり前に存在している活動の価値を再吟味するということです。指標となるのは、子どもの未来にとって必要かどうかの一点です。多くの学校で応援合戦が行われますが、ただ盛り上がるからという理由であれば、即刻廃止すべきです。中には、

「子どもたちの心が一つになる」

そんな主張もあるでしょうが、本当に一つになるのか、一つになることによって得られる力は何なのか、きちんと検証すべきでしょう。徒競走でもその例外であってはなりません。なぜ多くの学校で行われているかと言うと、団体種目や表現と違い、一人ひとりの子どもにスポットが当たり、シャッターチャンスとなるからです。仮にチームが勝っても、あまり子どもが活躍していないとしたら、本人も保護者も消化不良は否めません。しかし、徒競走の順位は、自分一人だけの力で勝ち取ったものです。ただ、数人とのデットヒートを繰り広げ、少ないライバルに勝利することに、それほど大きな意味はあるでしょうか。努力を積み重ね、ようやく勝ち取った一位であれば意味はあるかもしれませんが、該当するのはごく一部の子だけでしょう。残りは、〝よーい、ドン〟と言われ

るから走っただけで、アルバムの写真が一枚増えるだけの話です。

聖域なき見直しは、もしかしたら運動会不要論にまで発展するかもしれません。

「ただ教師の言うことを守り、大勢の前で恥をかかないようにするのが運動会だとしたら、そんな行事は意味がない」

ある管理職が言っていた言葉です。そのときは暴論にしか聞こえませんでしたが、改めて思い返すと心に突き刺さってきます。

❷「新しい形の運動会を模索する」

子どもに委ねたリレーの存続

あるとき、職員会議で運動会のリレーを存続させるかどうかという議論になりました。リレー不要論を言い出した教師の言い分は、

「そもそも、一部の代表しか出られない種目があること自体、教育的配慮がなされていない不公平なものだと思います」

全員参加をうたった前提に反するという主張です。対して、存続に賛成の教師は、

「リレーは運動会の華だし、これを楽しみに一年間頑張ってきた子の気持ちを考えたら、安易にな

くすことはできないでしょう」

該当児童の心情を考えた上での意見でした。話し合いを続けましたが、なかなか結論が出ません。そこで考えたのが、いくら職員で話し合っても結論が出ないのであれば、子どもに決定させてみたらというものでした。

ただ、一部のリーダーを集めた代表委員会での決定では不十分だという意見が出されました。

「一人ひとりの子どもが見ていないところで決まっても、その決定にいかに意味があるのか、実感する機会がない」

そこで出された意見が、全校児童を集めた総会を開いたらどうかというものです。今まで学校では児童総会を開いたことはありませんでした。そこまで大きな議題を任せたことがなかったからです。ただ、今回は全員が見ている前で決める必要がありました。

「どうして、勝手にリレーを廃止したんですか？」

保護者から問い合わせが殺到しても困ります。

「よし、狭い体育館だが、全校児童を集めて一時間話し合おう」

学校長の判断で、開校以来初めての総会が実施されることになったのです。

クラスで子どもたちに伝えると、話し合う内容は分かっても、総会の位置づけにピンときていないようでした。それが……。

白熱した児童総会

小さな体育館に千人が集まり、開会を告げる司会の子の声がざわざわしている体育館に響きました。その子の緊張感あふれる口調に、会場は急に静まり返りました。賛成反対の挙手を求めると、多くの手が体育館の天井に向けて伸びました。

「友だちを思い切り応援できるリレーはあった方がいいと思います」

「自分が出なくても楽しめるのがリレーの良いところです」

存続を訴える意見に対して、反対意見もどんどん出てきます。

「全員が出られないリレーはなくしてもいいと思います」

「リレーをやめて、その分他の種目にした方がいいと思います」

一時間では全員を指名できないほど、多くの子が手を挙げました。

そして、緊張の採決。シーンと静まり返る中、一人ひとりの数を数えていきました。子どもたちは採決の結果を見守るだけでなく、話し合いの意味を振り返っているようでした。結果は、リレーを存続させることになりました。ここでの決定が、そのまま運動会のリレーに関する方針となることを確認し、初めての児童総会を終えたのです。

初めは、子どもに任せることに反対した職員もいました。

「このまま何でも自分たちで決められると思い込んだら、面倒なことになる」

「大切なことは、全て教師が決めるべきだ」

任せることが我がままにつながるのではないかという懸念です。

しかし、運動会当日の〝熱〟はそんな不安を払拭するものでした。子どもたちは例年とは比べ物にならないほど、応援に力を入れたのです。我がままな主張ではなく、自分から関わろうとする姿勢がそこにありました。まだ若い頃の話ですが、私は心の中でこう思いました。

「むしろ、自分たちで何でも決められると思って欲しい。自分たちで決めたら、どんな問題が付随して発生しても、子どもたちが解決しなければならない。〝生きる力〟を育むというのは、そういうことではないか」

驚くことに、子どもたちに任せてからは、多くの取り組みで〝自分から意識〟が向上しました。懸念した我がままなどは微塵もなく、逆に謙虚になっていったのです。同時に、教師が決める意味はどこにあるのか、深く考えさせられる経験ともなりました。

子どもが決めるべきプログラム

思い切って、子どもが全てのプログラムを決めたらどうなるでしょうか。通常は、安全面や難易度などを考慮して、職員が決めるものです。自分たちで関わらなければ、プログラムの並びを見ても何も思わないでしょう。せいぜい、自分の出番を確認する程度のことです。それを子どもに任せるのです。子どもたちは多くのことを考えるでしょう。

・一つの種目にどのくらい時間をかけるべきか？
・その種目が当該学年にとって適切なものか？

・昨年度の種目と同一にすべきか、また変えるべきか？
・その種目がやる方にも見る方にも、楽しめるものになっているのか？
出されたものを教師が見て、安全面や難易度を考慮した上で決定していけば良いのです。そうすれば、運動会が子どもたちのものになります。
・応援合戦をするべきか？
・開閉会式はどのような形で行うのか？
・入場行進はどのような形にするか、また廃止するのか？
その他のプログラムについて考えさせても良いでしょう。大切なのは、教師が全てを管理し、子どもに言うことを聞かせることではありません。子どもが自力で課題を解決していけるような力を身に付けさせていくことです。

リレーの結論でもそうでしたから、プログラムから子どもに任せていけば、間違いなく子どもたちの行事になります。応援席でおしゃべりしている子を注意することもなくなれば、入場門への集合が遅れる子もいなくなるでしょう。教師の問題から子どもの問題へと、主体が変わったからです。

「何でも子どもに任せるなんて、やり過ぎだ」

中にはこうした意見も出るでしょう。ただ、考えてみてください。教師がいくら100％の段取りで進めても、子どもに付く力はゼロです。対して、子どもが50％の段取りをしたら、その50％はそのまま子どもの力となるのではないでしょうか。

学校対抗運動会の実施

運動会というと、多くが色別対抗です。学級対抗もあるでしょう。ただ、いくらお膳立てをしても、〝対抗戦〟の熱気に高まりが感じられないと思うのは、私だけでしょうか。次男が小学生のとき、色別対抗の運動会が異様に盛り上がりを見せる小学校に通っていました。運動会の一か月前から、互いのクラスの交流を遮断する。紅組、白組の対抗戦なので、教師もしばらく前から紅白の服で出勤する。挙句の果てには、紅組の担任が赤い車を買ったと聞きました。ここまで突き抜けていたら、それなりに学ぶところは大きいでしょう。しかし、多くが便宜的に分けられた紅白に過ぎません。場合によっては、クラス内を二つに分けている学校もあるほどです。いつも一緒にいる友だちは、競うべき相手とはなりにくいのです。

そこでです。学校内でやる運動会から、学校対抗の運動会にしたらどうでしょうか。今やどの学校も少子化の影響で人数が減っています。少しでも参加人数が多い方が、熱気が生まれると思うのです。観客の人数も倍になります。会場は持ち回りにすれば、六年間で三回は相手の学校に行くことができます。自分の学校以外の施設を知る機会にもなるでしょう。進行面で両校の児童が会って確認することも多いでしょう。自分の学校だけではない、新たな交流の輪が広がるはずです。

中一ギャップという言葉があります。小学生から中学一年生に進級した際に被る、心理や学問、文化的なギャップと、それによるショックのことを言います。登校拒否の引き金にもなると言われています。交流することで顔見知りの友だちが増えれば、中学校に進級する懸念も小さくなるのではないでしょうか。

準備に関しては、教師の負担も減ります。人数が少なくても、準備するものは大きな学校と同じです。それを二校共同で準備できるのですから、時間は半分ですむでしょう。熱中症対策のテントを運んで一緒に使うこともできます。単独開催では足りないものがあっても、両校開催となれば備品や消耗品も倍になり、物の不足も解消されるはずです。

最も大きな学習効果は、学校の決まりや教師の姿勢、雰囲気が全く違う両校が触れ合うことにもあります。勝手知ったる仲間と仕事をするのは、気心が知れている分、余計な気を遣わず進めることができます。

しかし、他校と一緒にやるには、〝阿吽の呼吸〟といったものは通用しません。それぞれの学校が持っている文化や習慣が異なるからです。すると、念入りなコミュニケーションが必要になってきます。意思疎通が図られていたと思っていたのに、フタを開けると全く違ったという場合もあるでしょう。突発的な事態にも瞬時に対応しなければならないのです。

相手が知らないという前提に立ったコミュニケーションや臨機応変な対応は、まさにこれからの時代に求められている力です。上手くいっているからそのままの形を続けるのではなく、上手くいかない環境を整えるのも学校の役割だと思います。

ナイター運動会の実施

臨機応変さが必要なのは、暑さに対する対策にもあります。春にしろ秋にしろ、予想だにしない暑さになるのが近年の特徴です。地域からテントを借りたり、時間短縮のために急遽ＰＴＡ種目を取り止めたり、水筒の飲みものを飲ませる時間を合間に作ったりと、上昇する気温を見ながらやることがたくさんあります。それでも、運動会の練習や本番当日、熱中症の症状が出て救急車で運ばれたという報道を目にするたび、対応の難しさを感じていました。

そこで考えたのが、夜間に運動会を実施するというプランです。近年では施設開放のために校庭に夜間照明の施設を持っている学校が多くあります。通常であれば運動会が五時間弱開催されることを考えると、午後の二時に始めて七時に終わるという計画です。保護者が全員参観に来ているので、一緒に帰れば下校も安全です。翌日が休みということも含めて、子どもにとって負担のない、熱で倒れることのない妥当なプランだと思います。

しかし、このプランは職員会議で提案しても、一度も通っていないのが事実です。

「夜遅くまで子どもが学校にいるのは問題がある」

「近隣にも前例がなく、保護者の理解が得られるとは思えない」

「運動会は昼間にやるものであって、あまりに突拍子もない提案だ」

別に奇をてらった主張ではなく、あくまでも熱中症というリスクを回避するため、論理的に導き出した方向性です。さらにもう一つ、ねらいがありました。それは、時間帯を変えることで、前年度を踏襲できない部分が多く出てくることです。時程の計画、夜間照明の中での実施を考慮した種目の変更など、前年度を参考にできない部分が盛りだくさんに出てきます。新しい運動会にどう対応していくのか、教師と子どもが向き合わざるを得ない良い機会になると思いました。ただ、今までただの一度も賛同を得られたことはありません。

「そんなに突拍子もないことなのか……」

意気消沈していると、思わぬ実践を目にしました。

何と、広島県安芸高田市立高宮中学校ではナイター運動会を実施しているのです。運動会は午後2時に始まり8時半まで続くそうです。昼食ならぬ夕食は、午後6時だというからまた新鮮です。この地域では昼間に農作業をする保護者が多いことから、家族みんなが見られるように開始時間を遅らせたのが経緯だと言っていました。夜の部ではたき火を囲んでのフォークダンス、保護者の寄付による花火の打ち上げも行われるから驚きです。平成元年9月に第一回目が行われ、今でも9月初旬に実施されています。熱中症対策として始まったわけではなさそうですが、暑い時間帯を避けるため、結果として9月の初旬にできるのではないでしょうか。

さて、このナイター運動会。全国的に広がりを見せていることなく、私が調べた範囲でもここでの実践しか分かりませんでした。やはり、

「運動会は昼間にやるべき」

ということなのでしょうか。確かに、子どもの活動は日中にやるべきというのが王道でしょう。ただ、全国的に熱中症でバタバタ倒れる子の報告が相次ぐ中、何も手を打たず従来通りとするのでは、学校が子どもの健康を管理しているとは言えません。対応策として、時期を工夫するようにしているのでしょうが、それでもいつ暑い日がやってくるのか分からない時代なのです。5月でも10月でも、暑い日はあります。

「当日は涼しくなるのを祈りましょう」ではなく、予想外の暑さでも対応できるプランを考えるべきなのです。そのためにも、例年通りという発想を止め、何の固定観念も持たず、何が子どもにとって良いのかフラットな感覚のもとで決めていくことが求められます。計画を変えることは多少の負担がありますが、変えるからこそ教師も子どもも力が付くと言えましょう。

ナイター運動会はあくまでも一つの例です。学校のルーティンを一つずつ見ていくと、子どものためにならなかったり、時代錯誤的なものが残っていたりすることがあるのではないでしょうか。

今回の問題提起が見直す契機になればと願っています。

終章

これからの時代に必要な力

慣習を止めて創り出していく意識

東日本大震災が起こったことをきっかけに、海沿いの水族館に出かけていた遠足の方面を見直そうということになりました。学年会でどこが良いか真剣に議論していましたが、何時間話し合いをしても熱が冷めることはありませんでした。

「遠足というのは、ここまで話し合いを熱くさせるテーマなんだ。だとしたら、教師だけのものにするのではなく、方面を子どもに決めさせたらどうだろう?」

職員会議で何とか仲間を説得し、安全面で問題ないのであれば、子どもたちが決めた場所を新たな方面として決定するという確認を取りました。

学年の子どもたちを大きく八つの班に分け、それぞれお薦めの遠足候補地を考えさせたのです。場所が決まると、いかに自分たちの考えた場所やコースが魅力的か、プレゼンテーションするための準備を始めさせました。八つの班がそれぞれ学年全員の前で発表し、最後に最も楽しそうだと思われるプランを決めるというルールです。

「絶対に自分たちのプランを通す!」

子どもたちが燃えないはずはありませんでした。プレゼンテーション当日、一班ずつ魅力を熱く語り、楽しそうな説明がされるたびに歓声が上がりました。八つから四つ、四つから二つにしぼり、最終的に決まったのは〝高尾山登山〟だったのです。

学校には不文律とも言うべき、たくさんの慣習があります。

・よほど問題がない限り、前年度の踏襲を基本とする
・子どもに失敗させないように、学校生活の全てを教師が管理する
・近隣の学校と歩調を合わせ、あまり特異な取り組みは遠慮する

本田宗一郎はこんな言葉を残しています。

『失敗もせず問題を解決した人と、十回失敗した人の時間が同じなら、十回失敗した人をとる。同じ時間なら、失敗した方が苦しんでいる。それが知らずして根性になり、人生の飛躍の土台になる』

これからの未来。宗一郎が生きた時代よりも混沌とし、先行き不透明さが増すのは明らかです。当たり前だと思われていたことが、一瞬にして覆ることもあるでしょう。山一証券が倒産したときは本当に驚きましたが、2050年には今ある多くの会社が存在しないのではないかと言われているのです。現在の職種の多くが消える可能性もあります。

「大きくなったら、先生になりたい」

小さな子がそう言っていても、未来はロボットが教えているかもしれません。学校という形さえなくなっているかもしれません。

「今までもそうだったから、これからも続けよう」

悠長に構えている場合ではないのです。変わらないことを前提とするのではなく、変わることを前提とした臨機応変さが必要とされる時代がやってくるのです。子どもたちを育てる機関である学校は、そのことにもっと切実感を持たなくてはなりません。そのためにも、意味のない活動は止め

ていくべきなのです。

本当の意味で教師主導から子ども主体へ

休み時間にトランプで遊んでいいかどうか判断する際です。職員会議の話題になったので、ある教師が子どもに任せてみたらどうかと提案しました。しかし、学校長は首を縦に振りませんでした。

「何でもかんでも子どもに任せたら、収拾がつかなくなる」

子どもがとんでもない結論を出すのではないかと懸念したのです。言い分は分かりますが、私は何とも言えない虚しい気持ちになりました。子どもに任せたらとんでもない結論を出す懸念があるということは、我々教師が日々判断力のない子を育てていると言われたように感じたからです。そこまで深い意味はなかったと思いますが、子どもに権限を委譲したくないという気持ちが強く伝わってきました。

では、いつ子どもたちに任せるのでしょうか。中学校を卒業したらですか。中学校でも、多くの決定を子どもにさせているわけではないでしょう。その先の高等学校でしょうか。高等学校でも似たような状況だと聞いています。ということは、子どもたちは長い間教師の言うことを素直に聞くことを強要され、ある日突然、

「自分で考えて全てやりなさい」

社会に出た途端そう言われるのです。彼らがパニックになるのは当然です。今までずっと、

「言われた通りにしなさい」

と言われ続けてきたのに、自分で解決するように促されるのです。自己決定してきた経験がないので、固まってしまうのも至極当然な結果です。

民間会社にいる友人が言っていました。

「最近の新入社員で困るのが、分からないからできませんでしたって台詞が多いことだ。分からなかったら事前に聞けばいいのに、その聞くってことがかなり高いハードルらしい。一体、学校ではどんな人間を育てようとしているのよ？」

学校でも家庭でも、子どもにストレスを与えないことを第一に考えるあまり、過度にストレスに弱い若者を育てていたのです。本田宗一郎はこうも言っています。

『失敗のない人生なんて面白くないですね。歴史がないようなもんです』

まさに教師の胸に刺さる言葉です。

子どもたちには、失敗に強い子になってもらいたいです。そのためには、進んで何かにチャレンジさせなければなりません。確かに、教師の言うことをそのまま守っていれば、教師から見た範疇での失敗はないでしょう。しかし、社会に出たら、何もできない大人になってしまいます。子どものうちの失敗など、失敗のうちには入りません。いくらでもカバーしてくれる大人が、周りにたくさんいるからです。失敗したとしても、誰かに損失を与えるわけでもありません。今のうちに、思い切って失敗して欲しいところです。

だからと言って、

「答えを間違えてもいいよ」

と言っても、算数の誤答のようなとらえ方ではありません。企画を立てたり、計画を考えたりといった場面で、たくさん失敗させるのです。そうすれば、失敗や挫折に強い子になり、ミスしてもすぐに立ち上がる人間になることでしょう。

学校には、たくさんの活動があります。授業だけでなく、行事や特別活動など、それらは、ありとあらゆる場面で社会に出るための練習になり得る活動です。大人になって臨機応変に対応できる人には、子どもの頃から失敗して、反省して、次にはもっと良い方法を考え、そのたびに解決してきた歴史があるはずです。これからの学校に必要なのは、今まで通りといった意味のない活動を廃止し、子どもが自ら生み出さざるを得ない題材を提供していくことです。そのためにも、

「運動会は昼間で決定！」

ではなく、目の前にある活動が適切かどうか、吟味する眼を持つことが求められるのではないでしょうか。学校のルーティンを変えてみる意味は、まさにそこにあるのです。

おわりに

従来から続けられてきた教育活動を見直すのは、とても難しいことです。一つには、伝統に対する敬意があるからです。今まで存続されてきた活動をなくしたり形を変えたりするのは、過去の努力を否定するようで気が引けるでしょう。もう一つは、変える勇気を持てないからです。変えることにより、いくつかのリスクが予想されたら、

「とりあえず今回は例年通りで……」

となるのも当然です。

ただ、変えることは、決してリスクではありません。教師も子どもも、変えることにより、今まで見えなかった視点で物事をとらえられるようになる可能性があるからです。仮に変えた結果に問題があれば、さらに別のやり方を考えたり、元に戻したりすれば良いだけの話です。失敗は決してマイナスではないのです。

ここまで、なぜ私が従来の定番を廃止するように主張するかと言うと、定番には挑戦もなければ新たな気づきもないからです。失敗のない人生なんて面白くないです。歴史がないようなものです。定番にぶら下がっているような生き方は、自分の歴史を創ることを拒否していると言うこともできるでしょう。失敗に強い人間になることも、これからの時代に求められる人間像です。さらに、臨機応変さとは、失敗の上に成り立つ力と言えましょう。

多くの経営者が変革を恐れないようなことを言います。時代が進んでいるのに変わらないのは、後退を意味するからです。時代が進むのとともに、子どもたちも変化に柔軟な人間になっていかなければなりません。可能であれば、これから到来する時代の姿を予想し、先回りした教育をするのです。しかし、現実には先行きなど分からないのが本当です。だとしたら、どんな時代や社会になろうとも、対応できる人間を育てることが急務です。学校に根付く定番の廃止は、まさに子どもたちの未来を見越してのことなのです。

近年の社会変化は今までの想像を絶するものです。古代の日本人が土器を使っていたときも、高度成長期に産業を発展させたのも、ともに人間の手や頭脳を使ってのことでした。しかし、AIの出現により、状況は大きく変わったのです。職種によっては、人間不要論まで出てくる可能性があります。そのときになって、

「自分には、何ができるんだろう……?」

では遅いのです。人間にしかできないことを考え、会社や仕事がなくなっても、新たに見つけ出さなくてはなりません。だからこそ、今の学校の姿では、間違いなく子どもたちの将来は危ういと思ってしまうのです。

まずは、学校のルーティンをゼロから見直す。案外、解決の糸口はそんなところにあるのではないでしょうか。

齋藤　浩

【著者紹介】

齋藤 浩（さいとう・ひろし）

1963（昭和38）年、東京都生まれ。横浜国立大学教育学部初等国語科卒業。佛教大学大学院教育学研究科修了（教育学修士）。現在、神奈川県内公立小学校教諭。日本国語教育学会、日本生涯教育学会会員。『活用を意識した総合的な学習の実践』（「児童心理」金子書房、2010年6月号）、『社会人基礎力から見た学校教育の今日的課題』（佛教大学教育学部学会、2011年）、『学校教育が想像力の獲得を軽視する要因』（仏教大学教育学部学会、2012年）を発表するなど、これからの時代に合った学校教育の在り方を研究している。

著書『これからの「総合的な学習」～情報の活用力を育む～』（学文社、2009年）、『子どもを蝕む空虚な日本語』（草思社、2012年）、『アクティブな授業ができる　小学校国語科「開かれた発問」』（明治図書、2015年）、『新入社員はなぜ泣いてしまうのか　なぜ辞めてしまうのか』（ごま書房新社、2016年）、『民間校長 井坂明良』（電子書籍小説、はるかぜ書房第三出版部、2018年）、『理不尽な保護者への対応術』（学事出版、2019 年）

“学校のルーティン”を変えてみる
慣習にとらわれない教育活動の見直し方

2019年11月20日　初版第1刷発行

著　者――齋藤 浩

発行者――安部英行

発行所――学事出版株式会社

〒101-0021　東京都千代田区外神田2-2-3

電話03-3255-5471

http://www.gakuji.co.jp

編集担当　花岡萬之

装　　丁　精文堂印刷デザイン室　三浦正已

印刷製本　精文堂印刷株式会社

ISBN978-4-7619-2583-3　C3037